Barbara Bartos-Höppner · Taigajäger

Barbara Bartos-Höppner wurde 1923 in Schlesien geboren und lebt heute in der Nähe von Hamburg. Seit 1936 erscheinen ihre Kinder- und Jugendbücher, die in viele Sprachen übersetzt wurden. Fünf ihrer Jugendbücher standen bereits auf der Auswahlliste zum Deutschen Jugendbuchpreis. Einige Titel ihrer Bücher: ›Sturm über dem Kaukasus‹, ›Tausend Schiffe trieb der Wind‹, ›Tiermärchen‹. Barbara Bartos-Höppner schrieb auch zahlreiche Bilderbuchtexte.
In Anerkennung ihrer künstlerischen Leistung wurde sie vor kurzem in den PEN-Club gewählt.

Barbara Bartos-Höppner

Taigajäger

Deutscher
Taschenbuch
Verlag

Illustriert von Peter Wywiorski

Von Barbara Bartos-Höppner außerdem lieferbar:
Die Bucht der schwarzen Boote, bt 97

Ungekürzte Ausgabe
1. Auflage Oktober 1973
3. Auflage Juni 1977: 20. bis 29. Tausend
Deutscher Taschenbuch Verlag GmbH & Co. KG, München

ISBN 3-522-10030-1
Umschlaggestaltung: Celestino Piatti
Umschlagbild: István Szász
Gesamtherstellung: Ebner, Ulm
Printed in Germany · ISBN 3-423-07106-0

Inhalt

Das belauschte Gespräch

Während Nikolai auf das Haus des Ladenbesitzers Wassiljew zugeht, überlegt er noch einmal, was er alles einkaufen soll.

»Ein halbes Pud* Salz«, sagt er vor sich hin, »ein halbes Pud Hafergrütze, ein halbes Pud Roggen und ...« Die Gedanken springen ihm davon, als er das Haus erreicht hat. Es ist groß, denkt Nikolai, größer als die meisten Häuser in unserem Dorf. Aber wenn jemand einen Laden hat, in dem man alles kaufen kann, dann muß es wohl so sein.

Es ist ein Frühsommertag heute, deshalb steht die Haustür ein bißchen offen. Jäh und mächtig, wie immer nach den langen Wintermonaten, hat die Wärme den Schnee und die Kälte vertrieben. Nikolai setzt den Fuß auf die Schwelle, und seine Hand liegt einen Augenblick auf der sonnenbeschienenen Tür. Er fühlt die Wärme des Holzes, und zugleich wird ihm bewußt, wie die Sonne auch seinen Rücken gewärmt hat, durch den Pelz hindurch, den er seit ein paar Tagen ohne Gürtel trägt. Ein wohliges Gefühl überkommt ihn. Es ist gut, denkt er, es ist sehr gut – alles. Und er zögert noch, die Tür weiter aufzustoßen, weil er nicht möchte, daß dieses Empfinden schon zu Ende ist. Nikolai weiß, daß es drinnen im Haus vorbei sein wird. Der Laden ist dunkel und niedrig, und stets ist ein merkwürdiger Geruch darin, ein Geruch nach ... nach ... nun, eben nach Laden.

Plötzlich wird Nikolai aus seinen Gedanken gerissen. Er hört Männer im Haus miteinander sprechen, und dabei ist ein Wort gefallen, das ihn mit einem Schlage aus seiner Versunkenheit auffahren läßt. Im Winter ist es schon einmal in aller Munde gewesen, dieses Wort, aber sie hatten sich getröstet: Es ist Winter, und wer kommt im Winter nach Sibirien, wenn er nicht muß? Niemand. Also wollen wir uns weiter keine Gedanken machen. Aber nun ist der Winter vorbei, und jetzt hat Nikolai das Wort wieder gehört. Es versetzt ihn in solche Erregung, daß es ihm schwerfällt, an den Stimmen zu erkennen, wer in Wassiljews Laden beieinander sitzt. Aber wenn ein Dorf nur 430 Seelen zählt, kennt einer den andern genau, und Nikolai weiß jetzt, daß Sergej und Maxim, die Jäger, und Wassiljew, der Ladenbesitzer, miteinander sprechen.

»Und ich sage dir, Brüderchen, ich glaube nicht, was dir Igna-

* Russ. Gewichtseinheit. 1 Pud = 16,38 kg.

tjeff erzählt hat. Ignatjeff ist ein Dummkopf und wenn er hundertmal unser Polizist ist. Aber Dummheit ist nicht das Schlimmste – man muß eben mit dem, was Gott einem gibt, zufrieden sein. Wenn aber einer dabei noch ein Wichtigtuer, ach was, ein Großmaul ist, dann wird mir übel. Da kommt er von seiner Reise zum Ispravnik* zurück, hört unterwegs einen Floh husten und erzählt, die Leute von der Regierung haben es alle mit der Lunge. Nastarowje!«** Das ist Sergej.

Nikolai hört, wie ihm die anderen Bescheid tun, und nach einer kurzen Stille, in der sie genießerisch die Flaschenhälse zwischen die Lippen schieben, geht es weiter. Jetzt spricht Maxim.

»Wenn er uns doch wenigstens sagen könnte, was der Forstbeamte bei uns will!«

»Kann er! Diesmal kann er es!« kommt die träge Stimme Wassiljews hinterher, »und euch wird Hören und Sehen vergehen!«

»Wieso uns?«

»Weil er euch ganz schön auf die Finger sehen wird. Was ihr schießt, wird er euch vorschreiben, wieviel ihr schießt auch, wann ihr es schießt ebenfalls. Kein einziges Muttertier dürft ihr um diese Zeit mehr schießen, im Sommer keinen Zobel, keinen Marder, kein Eichhörnchen. Er wird aufpassen wie ein Luchs, und wenn er euch erwischt, wird er euch ein Feuerchen unter den Pelz machen, daß ihr die Engel singen hört!«

»Also ist er doch nur so eine Art Polizist, nichts weiter.«

»Ich denke ja und nein, Sergej. Es heißt, er ist ein Forstbeamter, der eingesetzt wird, um zu verhindern, daß ihr das Wild ausrottet. Aber wenn ihr etwas macht, was er verboten hat, wird er zum Polizisten gehen, und Ignatjeff wird euch einsperren. Sie werden beide keinen Spaß verstehen, das hat Ignatjeff mir zugeflüstert.«

»Du sagst das, als ginge es dich nichts an, Wassiljew!«

»Bin ich ein Jäger, Maxim?«

»Nein, aber wenn wir nicht schießen können, wie wir wollen, wird es auch für dich schlecht werden. Woher soll dann das Geld kommen für das Wässerchen, hm?«

»Ihr werdet euch ein bißchen mehr um die Felder kümmern müssen. Mir ist nicht bange, Maxim, auf euer Wässerchen verzichtet ihr nicht!«

Der Ton in Wassiljews Stimme widert Nikolai an. Obwohl

* Polizeikommandeur.
** russ. »Prost«.

ihm die Tür noch die Sicht nimmt, glaubt er das fette, verschlagene Gesicht Wassiljews vor sich zu sehen. Immer zu Diensten, immer bereit, um die Rubel, die ein anderer in der Tasche trägt, herumzutanzen, sich unterwürfig zu machen für ein paar runde Geldstücke. Ach, – Nikolai schluckt. Und die andern? Sie sagen nichts – sie sagen nicht: wir werden keine Felder bestellen nur des teuren Wodkas wegen, wir werden weiter auf Jagd gehen und uns einen Teufel – oh, – und uns einen Dreck um den Forstbeamten kümmern, wir werden das tun, was wir für richtig halten, und du – sauf deinen Fusel selber. O nein, sie sind schön still und denken: der Wassiljew hat recht. Wie kommen wir zu Geld, wenn wir nicht jagen dürfen? Denn auf alles wollen wir verzichten, aber auf das Wässerchen, nein, auf das nicht.

Nikolai ist es in diesem Augenblick unmöglich, zu den Männern zu gehen. Und schon ist auch Sergej wieder zu hören.

»Wenn er wirklich kommt, der hohe Herr aus Petersburg, dann wird man sehen müssen«, sagt er, und es klingt zuversichtlich und vielsagend.

»Was wird man sehen müssen?« fragt Maxim dumm.

»Na, was schon? Beamter ist Beamter!« wirft Wassiljew ein. Und als Nikolai jetzt vorsichtig seinen Kopf durch den Türspalt schiebt, sieht er den Ladenbesitzer an dem rohgezimmerten Tisch stehen. Er hat eine Hand unter das Kinn geschoben und verzieht seinen Mund zu einem breiten Grinsen.

»Ach, du meinst, daß er für Rubelchen eine tiefe Tasche hat?« fragt Maxim noch immer schwerfällig.

»Er ist ein Beamter, ich sagte es doch schon!« Und dann lachen sie alle drei und greifen wieder zu ihren Flaschen.

Von den Jägern sieht Nikolai nur die Pelzmützen. Die beiden Männer müssen vor dem Ladentisch auf einer Kiste sitzen.

»Na, was habe ich gesagt?« prustet Sergej, »wir werden einen Ausweg finden – und außerdem ist er noch nicht hier. Es sollte schon mancher zu uns kommen – sollte!«

»Diesmal bleibt es dabei!«

Sergej und Maxim horchen auf.

»Er ist schon unterwegs ins Dorf!«

Nikolai fährt zurück, er überhört das erschrockene »Ah!« der beiden Männer. Es hält ihn mit einemmal nicht länger hier draußen, er stampft vernehmlich mit den Stiefeln, räuspert sich laut und stößt die Tür dabei weit auf.

Der jähe Wechsel des Lichtes läßt ihn zuerst wie blind dahintappen, aber er weiß auch so, wie es im Laden aussieht. Auf der rechten Seite versperren ihm zwei Salzfässer und ein Petroleumfaß die Sicht. Nach den Fässern kommt das große Fischernetz an der Decke. Manchmal zieht ein Kunde daran, dann hängt es herunter und man sieht, daß es ein Loch hat. Auf der anderen Seite hängen zwei hölzerne Kosakensättel, Pferdeleinen, und in einem Fäßchen stecken vier Peitschen. Daneben, auf einem Brett, stehen Petroleumlampen, alte und neue, dahinter, in vergoldeten Rahmen, zwei Doppelbilder des Zaren und der Zarin. Die Bilder sind verblichen, und das Gold an den Rahmen kommt nur zum Vorschein, wenn Wassiljew sie zum Geburtstag des Kaiserpaares abwischt. An der Rückwand ist die Tür, die in den Verschlag führt, den Wassiljew bewohnt. Daneben stehen zwei Plüschsessel, grün mit langen Fransen unten herum; die leiht Wassiljew aus, wenn hoher Besuch zum Bürgermeister kommt oder zu Ignatjeff, dem Polizisten – natürlich nicht umsonst. Wenn sie jedoch im Laden stehen, sind sie mit Schachteln bepackt, so hoch die Lehnen reichen. In diesen Schachteln sind Stickgarn für die Mädchen- und Frauenkittel, Perlen und kleine Heiligenbilder aufgehoben. Quer in den Laden hinein steht das Oberteil eines Tarantas*. Es liegt

* Sibirischer Reisewagen ohne Sitze.

auf übereinandergestapelten Wagenrädern und dient zur Aufbewahrung von herrlichen bunten Stoffen. Zwischen Tarantas und Ladentisch ist nur ein schmaler Gang für Wassiljew, wenn er aus seinem Verschlag »zu Diensten« gewieselt kommt.

Hinter dem Ladentisch ist sein eigentliches Reich. Da stehen die Säcke mit Zucker, Hirse, Roggen und Grütze, aber den meisten Platz nehmen die Fässer ein, in denen Wassiljews Haupthandelsprodukt gluckert: der Wodka.

An der Außenseite eines großen Regals hängen zwei uralte Steinschloßgewehre, eine Schrotflinte und ein fast neuer Drilling. Die schwere Büchse hängt nur zum Schein bei den anderen alten Knarren. Wassiljew weiß genau, daß keiner der Jäger, die zu ihm kommen, sie kaufen kann, mögen die sehnsüchtigen Blicke auch noch so oft an dem schwarzglänzenden, dreifachen Lauf auf und ab gleiten. Diese Begehrlichkeit bereitet Wassiljew ein tiefbefriedigendes Empfinden von Besitzerstolz. Im Dorf hat ihn zwar noch niemand zur Jagd gehen sehen, wahrscheinlich, weil ihn das Geld für die Patronen reut, ihm genügt es, daß der Drilling sein Eigentum ist.

»Guten Tag!« sagt Nikolai und bleibt hinter den Männern stehen, die wirklich auf einer Kiste hocken.

»Oh, Nikolai Ibrahimowitsch kommt in meinen armseligen Laden! Ich habe dich lange nicht gesehen, Söhnchen«, lächelt ihm Wassiljew entgegen.

Nikolai, dem das belauschte Gespräch mit seiner ganzen Widerwärtigkeit und Folgenschwere noch in den Gliedern liegt, sagt patzig:

»Ich komme jeden Tag an deinem Haus vorbei, wenn ich zur Schule gehe!«

»Hoho!« lacht Sergej und dreht sich zu Nikolai um, »das junge Pferdchen fängt an zu keilen. – Komm, Söhnchen, du gefällst mir!« Er rutscht bis ans äußerste Ende der Kiste und nötigt Nikolai mit einer Handbewegung, sich zu setzen. Maxim, der ebenfalls zur Seite gerückt ist, wartet, bis Nikolai zwischen ihnen hockt, dann sagt er:

»Du bist groß geworden.«

»Sieht man das auch, wenn ich sitze?« gibt Nikolai zurück.

»Höh, du Bock, deine Hörner laß draußen!« Maxim packt Nikolai beim Kragen und schüttelt ihn, daß ihm die Mütze vom Kopf fällt. »Wie alt bist du jetzt?«

»Dreizehn«, gibt Nikolai Antwort und blickt geradeaus. Er wartet nur darauf, daß Maxim ihn losläßt, dann wird er aufspringen, seinen Kram verlangen und nach Hause rennen, so schnell er kann.

Maxim aber hält fest.

»Dreizehn Jahre«, sagt er, »nun wärst du so weit, daß du dem Vater ordentlich zur Hand gehen könntest, und da muß uns so ein Aufpasser, so ein neumodischer Besserwisser vor die Nase gesetzt werden! Weißt du, wer ins Dorf kommt?«

Nikolai verschnappt sich fast.

»Wer?« fragt er dann aber nur.

»Der Forstbeamte, von dem im Winter schon die Rede war.«

»So«, sagt Nikolai gleichgültig.

»Nun hört euch das an!« schnauft Sergej los, »*so* sagt er, sonst nichts. Na, deinen Vater möchte ich hören, wenn du es ihm erzählen wirst. Ihn wird es am schwersten treffen!«

»Vater wird sich zu helfen wissen, verlaßt euch darauf!« Nikolai springt auf. »Und jetzt möchte ich ein halbes Pud Salz, ein halbes Pud Hafergrütze, ein halbes Pud Roggen und ein Päckchen Machorka*.«

»O gewiß, Söhnchen, setz dich nur auf ein Weilchen zu Sergej und Maxim.« Und während Wassiljew die Beutel auseinanderbreitet, die Nikolai aus seinem Bündel geholt hat, fragt Sergej:

»So, so, dein Vater wird sich zu helfen wissen, meinst du?«

»Bestimmt!«

»Hm ... vielleicht macht er daraus kein Geheimnis? Vielleicht wäre es auch für uns gut?«

»Möglich.«

»Wirst du es deinem Vater sagen, daß ...«

In diesem Augenblick verfinstert sich das helle Viereck der offenen Haustür. Die Männer drehen sich um, und zu gleicher Zeit rufen sie:

»Ah, Andrej, komm herein! Es gibt eine große Neuigkeit!«

Und während sie jetzt diesen Mann zwischen sich ziehen und überstürzt auf ihn einreden, füllt der Ladenbesitzer Nikolais Beutel, nimmt das Geld, zählt es umständlich nach und führt Nikolai vor das Haus.

»Gottes Segen für deinen Vater, für deine Mutter und für dich! Und sage dem Vater: auf mich kann er sich immer verlassen!«

Forschend sieht Nikolai in das schwammige Gesicht Wassiljews.

»Der Vater versteht es schon, Söhnchen, leb wohl!«

* Tabaksorte sowie die daraus hergestellten russ. Rauchtabake und Zigaretten.

Der einzige Ausweg

Sein Bündel an einem Lederriemen über die Schulter geworfen, geht Nikolai durch das Dorf. Zwei Reihen Häuser stehen auf der rechten Straßenseite und vereinzelte Häuser auf der linken, wie das Haus des Ladenbesitzers, die Schule und die Kirche.

Wenn Nikolai sonst vorbeigeht, freut er sich immer an den stattlichen Gebäuden. Eine schöne Kirche, denkt er dann. In welchem Dorf hat sie einen so leuchtendblauen Zwiebelturm wie bei uns? Und erst die Ikonen* in der Kirche! Wo gibt es in einem anderen kleinen Dorf solch schöne Ikonen? Nur der Pope** ist nicht viel wert. Anstatt den Männern wegen des Wodkas ins Gewissen zu reden, säuft er genauso viel wie sie. Aus Kummer über seine Armut, wie er sagt. Na ja, arm ist er schon, aber dafür ist er schließlich Pope. Nikolai hat schon manchmal mit dem Vater darüber gesprochen. »Laß diese Gedanken«, sagt der dann nur, »du änderst nichts daran.« Nikolai schiebt es auf den Popen, daß der Vater so selten zur Kirche geht.

Heute denkt Nikolai nur: heim! So schnell wie möglich heim! Er hat das Empfinden, daß er erst wieder richtig atmen kann, wenn er dem Vater alles erzählt haben wird. Er geht dicht an den Häusern entlang, denn die Straße ist ein einziger aufgequollener Brei. Vor ihm watet eine alte Frau von einer Seite auf die andere. Ihre Füße sind mit grobem Zeug umwickelt, das ihr bis zur Hälfte der Waden reicht.

»Guten Tag, Mütterchen«, sagt Nikolai, ohne sich weiter um die Alte zu kümmern, die den Rock ein Stück hochgeschürzt hat, damit er nicht zu sehr vom Schlamm beschmutzt wird. Ich habe es gut, denkt Nikolai, ich brauche mir keine Zeugfetzen um die Beine zu wickeln. Mein Vater ist ein Jäger, der alles versteht, was dazugehört. Ich habe Stiefel anzuziehen, das ganze Jahr hindurch, und Mutter auch. Und mein Vater hat sie selbst gemacht, aus Hirschleder! Hm, denkt Nikolai stolz, was kann mein Vater nicht? Gibt es etwas, das er nicht kann? Er wird auch einen Ausweg finden, wenn dieser Forstbeamte kommt.

Das Bündel beginnt Nikolai zu drücken. Er schiebt seine Hand darunter und empfindet Erleichterung. Aus dem letzten Haus kläffen zwei Hunde hinter ihm her. Er achtet nicht darauf. Was hat Wassiljew gemeint, als er sagte, daß sich der Vater immer

* Heiligenbilder (in der griech.-orthodoxen Kirche).
** Geistlicher der griech.-orthodoxen Kirche.

auf ihn verlassen könne? Die Vertraulichkeit, die er damit ausgedrückt hat, gefällt Nikolai nicht. Wassiljew und der Vater ... nein, das geht nicht. Und Nikolai kommt es plötzlich vor, als ob die Sonne nicht mehr mit dem gleichen strahlenden Gold am Himmel stände wie vorhin. Er blinzelt in die Höhe.

»Ich glaube nicht, daß mir der Vater etwas verschweigt«, sagt er vor sich hin, »aber was hat Wassiljew gemeint?«

Als Nikolai den Wiesenweg erreicht, der am Fluß entlangführt, hört er von ferne den harten Schlag einer Axt. Er übertönt das Gurgeln des Wassers, dem das Flußbett zu eng geworden ist. Der Vater! denkt Nikolai, er zimmert an dem neuen Boot. Warum reden die Leute eigentlich immer nur von Ibrahim Karalkan, dem Jäger? Er ist doch auch ein ebenso guter Fischer! Und alle Zweifel fallen von Nikolai ab, als würden sie von dem ungebärdigen Fluß mit fortgeschwemmt.

Als Nikolai bis auf Sichtweite an das Haus herangekommen ist, springen die Hunde auf. Bis jetzt haben sie seinem Vater unverwandt bei der Arbeit zugesehen. Sie heben die Köpfe, winden mit den Nasen und lassen ihre buschigen Schwänze hin und her wedeln. Durch ihr Benehmen wird Ibrahim Karalkan aufmerksam. Er richtet sich hoch und schaut auf den Weg, dann ruft er freundlich und anfeuernd den Tieren zu:

»Nun lauft ihm schon entgegen! He, los!« Und er rafft schnell einen Span auf und schleudert ihn auf den Weg.

Wie wahnsinnig geworden, hetzen die Hunde laut hechelnd auf Nikolai zu.

»Donka! Graukopf! Hierher!« ruft Nikolai und schlägt sich mit der Hand auf den Oberschenkel. Ungebärdig in ihrer Freude springen sie an ihm empor, umkreisen ihn, daß er keinen Schritt mehr gehen kann und stemmen abermals, hochaufgerichtet, die Vorderpfoten gegen ihn.

»Jetzt ist's aber genug!« schreit Nikolai, »ihr reißt mir noch das Bündel vom Rücken! Los, zum Vater!« Und Nikolai setzt zum Laufen an, so gut er es mit der Last auf dem Rücken vermag. Die Hunde jagen ihm in großen Sprüngen voraus.

»Na«, sagt der Vater, als Nikolai bei ihm ankommt, »nichts vergessen?« Er fährt mit den Händen über den Kittel und nimmt Nikolai das Bündel ab.

Nikolai schüttelt den Kopf.

»Ich glaube nicht ... der Machorka liegt obendrauf, Väterchen«, sagt er und lacht den Vater breit an, denn er weiß, daß der Vater sehr darauf gewartet hat. Ibrahim Karalkan fährt Nikolai mit gespreizten Fingern durch das braune Haar, erfaßt ein Büschel, zaust daran und lacht ebenfalls.

»Schnür auf«, sagt er, nachdem er das Bündel auf die Erde gesetzt hat, und in der Zeit, in der Nikolai an der Schnur fingert, sucht der Vater in den weiten Hosen nach dem Pfeifchen.

»Hier!« Das Paket Machorka wechselt von der bräunlichen Jungenhand in die derbe Männerfaust.

Nikolai bleibt am Boden hocken. Gerade noch auf dem Weg war sein Herz so voll von dem, was er dem Vater erzählen wollte, gerade noch konnte er nicht schnell genug daheim sein, gerade noch wußte er ganz genau, wie er es anfangen wollte – und jetzt neben dem Vater fällt ihm nichts mehr von dem Zurechtgelegten ein. Der Vater könnte auch wirklich etwas fragen, denkt er, aber nein, der steht da mit seiner Pfeife, und es scheint für ihn nichts Wichtigeres zu geben als die Sorge, ob sie auch gut brennen wird. Ein paar Krümel des groben Tabaks fallen auf Nikolais linken Handrücken. Mit einer unwilligen Bewegung wirft er sie ab und blinzelt mit schrägem Blick zum Vater hinauf, als er das Zischen des Streichholzes hört. Er verfolgt, wie der Vater voller Behagen an der Pfeife zieht und wie gleich danach der Rauch in zwei dünnen, bläulichen Fähnchen aus den Nasenlöchern weht. Diese sorglose Genüßlichkeit bringt Nikolai geradezu in Wut. Wenn er wüßte, denkt Nikolai, wenn er es wüßte! Die Raucherei würde ihm vergehen. Und als hätte der Vater seine Gedanken erraten, sagt er:

»Hast du was auf dem Herzen, daß du immer noch hier sitzt, anstatt mit deinem Bündel zur Mutter zu gehen? – Gibt es etwas, Kolja?«

Im Augenblick ist Nikolais Kehle wie zugeschnürt, er kann nur nicken. Dann sagt er:

»Es ist jetzt soweit – er kommt!«

»Wer kommt?«

»Der Forstbeamte. Aber diesmal ist es kein Gerede – er ist schon unterwegs!«

»Woher weiß es Wassiljew?«

»Vom Polizisten, und der weiß es vom Ispravnik in Tobolsk.«

»So.«

Nikolai läßt keinen Blick von seinem Vater. In dem verschlossenen Gesicht mit dem kurzen, blonden Bart regt sich nichts. Kein verächtliches Lachen, wie Nikolai es erwartet hat, er sagt auch nicht: ›Dann soll er doch kommen, der Herr mit seinen Verboten. Ich fürchte ihn nicht!‹ Die buschigen, blonden Augenbrauen schieben sich nur über der Nase zusammen, er zieht heftiger an der Pfeife, daß der Rauch aus seinem Mundwinkel quillt. Sonst nichts.

Oder? Er reckt sich. Das läßt ihn noch größer erscheinen, als er es ohnehin schon ist, und seine Augen gehen in die Richtung, wo der Fluß gurgelt. Dann sagt er:

»Wir wollen uns keine Gedanken machen, Nikolai!«

Da springt der Junge aufgeregt hoch.

»Was wirst du machen, Vater?«

»Jagen – wie immer.« Damit nimmt Ibrahim Karalkan die Axt wieder auf und beginnt von neuem, den langen Espenstamm zu behauen, dessen äußere Form sich schon deutlich zu einem schlanken Boot wandelt.

Es gibt Stunden in Nikolais Leben, die er besonders gern hat. Da ist einmal der Augenblick, wenn der Vater nach tagelanger Abwesenheit den Weg daherkommt. Wenn Nikolai und die Mutter ihm dann entgegengehen und alle Bangigkeit von ihnen abfällt, die immer in der Zeit des Wartens auf ihnen liegt, und Nikolai darf den Rucksack tragen, und der Vater fängt an, von der Jagd zu erzählen – das ist eine von den Stunden, die Nikolai liebt.

Oder so eine wie jetzt.

Draußen ist es finster geworden. Nikolai liegt schon auf dem Ofen, das Bärenfell bis unter die Arme gezogen. Er müßte jetzt eigentlich schlafen, aber er will es noch nicht. Die Mutter hat die Petroleumlampe hochgeschraubt und näht an einem Kittel. Nikolai sieht ihr Gesicht von der Seite. Das schwarze Haar glänzt bläulich, und im Gegensatz dazu leuchtet die Haut des Gesichtes heller, als sie in Wirklichkeit ist. Zwei Zöpfe hängen über Mutters Schultern; wenn sie den Kopf bewegt, huschen sie wie Schlangen hin und her.

Der Vater sitzt auf der anderen Seite am Tisch und putzt an seiner alten Schrotflinte. Es ist still in der Stube, nur manchmal klappert die Schere, oder beim Vater klirrt etwas.

Nikolai wartet darauf, daß sie sprechen werden. Um diese Zeit erzählen sie oft von ihrer Heimat. Besonders die Mutter. Niemand kann besser erzählen als sie, auch die Lehrerin nicht, und die kann es wahrhaftig gut. Nikolai wartet sehr, daß die Mutter beginnt. Dann wird ihn diese Stunde einhüllen wie immer, er wird gleichsam in sie hineinkriechen und sich gefangennehmen lassen – bis er über dem Glücklichsein einschläft.

»Ich habe es mir überlegt, Tamara. Ich werde nicht warten, bis ich das Boot fertig habe. Der Gänsezug hat längst begonnen. Die Flüsse sind offen. Ich werde noch einmal mit dem alten Boot zu Lewin fahren.« Das sagt der Vater, ohne von seiner Arbeit aufzusehen.

»Mit dem alten Boot?« Die Mutter legt die Näharbeit auf den Tisch. »Mit dem alten Boot, sagst du? Aber im Herbst hast du doch schon gesagt, daß es nicht mehr geht, daß es zu . . .« Die Mutter bricht ab, und der Ton, mit dem sie ihren Einwand vorgebracht hat, war nicht sehr fest. Sie weiß, wenn der Vater sich etwas anders überlegt, dann hat er seine Gründe. Nur daran, daß sie ihre Arbeit hingelegt hat, kann Nikolai erkennen, wie aufgeregt die Mutter ist.

»Du hast recht, Tamara, aber ich habe mir . . .«, er unterbricht sich und hält den Gewehrlauf gegen das Licht, ». . . ich habe es mir vorhin noch einmal angesehen. Es ist nicht so schlecht, wie ich dachte. Ich versäume zu viel Zeit, wenn ich noch länger warte.«

»Ist es nur wegen der Zeit, Ibrahim – oder ist es auch wegen der Nachricht, die dir Kolja vom Krämer gebracht hat?«

Nikolai auf dem Ofen hebt den Kopf. Mit brennenden Augen sieht er zum Vater hinunter. Der lehnt sich an die Wand zurück und sagt:

»Ja, Tamara.«

»Aber du wirst dem Herrn nicht immer ausweichen können!«

»Nein, und das beklage ich. Wäre ich freizügig, wir gingen schon morgen fort von hier!«

»Aber Ibrahim, warum ereiferst du dich so sehr? Du weißt doch nicht, ob du überhaupt etwas mit ihm zu tun kriegst!«

»Ich weiß es nicht, aber ich fühle es. Irgend etwas kommt auf mich zu. Ich will nichts mit ihm zu tun haben. Ich will für mich bleiben. Ich habe mein Haus nicht umsonst so weit weg von den anderen gebaut. Ich will diesen Aufpasser nicht sehen! Der Teufel soll ihn . . .«

»Ibrahim!« Die Mutter sieht erst zum Vater und dann hinauf zu der Ikone im Herrgottswinkel, wo vor der Mutter Gottes mit dem Kinde die kleine rote Lampe brennt.

»Ach, laß mich, Tamara! Du weißt, daß ich die Freiheit brauche wie der Vogel seine Flügel. Und deshalb gehe ich morgen. Ich mag nicht warten, bis er kommt – bis er da ist!«

»Und Kolja?«

»Ich nehme ihn mit.«

In der Ostjakenhütte

Der nächste Morgen kommt grau und kalt. So sehr die Sonne auch die Tage wärmt, durch die Nächte geistert noch immer die Kälte des Winters, die sich nur widerwillig davontrollt.

Als Nikolai erwacht, ist die Stube leer. Im Vorraum hört er die Mutter wirtschaften, und vor dem Haus schleift und poltert es. Der Vater, denkt Nikolai und gähnt ausgiebig mit weitaufgerissenem Mund. Plötzlich erinnert er sich, mit welchen Gedanken er gestern eingeschlafen ist. Mit einem Satz kommt er hoch, stampft das Fell zurück und springt vom Ofen. Mit dem Vater zur Gänsejagd! Heute! Sein Herz schlägt schnell. Er rennt in den Vorraum und schöpft sich die Hände voll Wasser, schüttet es sich übers Gesicht, schluckt etwas davon und verreibt den Rest an den Händen. Dann tritt er vor die Tür und spuckt das Wasser durch die Zähne.

»Warum hast du mich nicht geweckt, Vater? Ich wollte dir helfen!«

»Ach, was, ist nicht viel zurechtzumachen. Zieh dir die neuen Stiefel an, Nikolai!«

»Die langen? Warum, Vater? Es wird doch Sommer!«

»Du wirst schon merken, wie sehr es Sommer wird, wenn wir die Nächte in der Hütte sind! Da liegst du auf keinem Ofen wie zu Hause!«

»Ich bin doch kein Wickelkind mehr«, mault Nikolai vor sich hin, als er in die langen Stiefel aus Hirschleder fährt.

Es gibt einen dicken Hirsebrei und danach gekochtes Fleisch, bevor sie losziehen. Die Mutter bleibt vor der Tür stehen, und immer wenn sie sich umdrehen, winkt sie ihnen noch einmal nach. Neben ihr trampeln die Hunde und jaulen laut vor Enttäuschung, daß sie daheim bleiben müssen.

Immer kleiner und kleiner wird alles, was der Vater und Nikolai zurücklassen. Nicht lange, und das dichte Gestrüpp des niedrigen Heidewaldes nimmt sie auf. Ihre Füße stapfen durch das graue, mit eisigkalter Nässe vollgesogene Rentiermoos.

Dem Vater läuft ein Strick von der rechten Schulter über die Brust. Beide Enden sind am Boot festgemacht, und er zieht es mit leisem Schleifen hinter sich her. Nikolai folgt ihm. Er trägt die Schrotflinte und ist sehr stolz, daß der Vater sie ihm anvertraut hat. Sorgfältig achtet er darauf, daß der Lauf nicht an die nassen Kiefernzweige trifft, weil sonst Wasser hineinlaufen könnte.

Das schweigsame Hinterhergehen läßt Nikolai Zeit, seinen Gedanken nachzuhängen. Daß der Vater mich mitnimmt zu Lewin, ist eine große Sache, denkt er. Gehofft habe ich es ja, aber . . . gerade zu Lewin, diesem alten, sonderbaren Kerl, der keinen Menschen um sich leiden kann — außer dem Vater, und den wohl nur deshalb, weil er kein Russe ist und weil er noch besser schießt als er selbst. Was wird er sagen, wenn ich in diesem Jahr mit dem Vater komme? Böse wird er sein, denn sicherlich denkt er, daß ich nur mitgekommen bin, um auf ihn aufzupassen, wenn er den Vater betrügen will. Werde ich auch! Aber er soll sich auch wundern, wie ich die Gänse anlocken werde. Ich habe lange genug geübt! Und unwillkürlich fährt Nikolais Hand tastend in die Hosentasche. Nein, er hat die Birkenrinde nicht vergessen. Nikolai ist so in Gedanken versunken, daß er plötzlich über das Boot

stolpert, und es fehlt nicht viel, daß er in voller Größe hineinplumpst. Der Vater ist nämlich langsamer geworden, weil der Weg eine scharfe Biegung zum Fluß hinunter macht, und das schmale, lange Boot soll nicht kippen, denn es ist alles darin verpackt, was er und Nikolai in den nächsten Tagen brauchen werden: der Mundvorrat, die Patronen, zwei Äxte, ein Topf, ein Kessel, und dazu — eigenartig anzusehen — Gänse, die unter den Köpfen zusammengebunden sind wie ein Blumenstrauß. Mit struppigen Federn und schmalen, hochgewölbten Rücken liegen sie zusammengepfercht im Boot. Aus ihren hinteren Hälften spießen Strohhalme. Es sind die Lockvögel für die erhoffte Jagdbeute.

Die Stelle, die der Vater zum Übersetzen aussucht, ist breit, aber nicht sehr tief, das aufgebrachte Wasser verläuft in der ausgedehnten Bodensenke. Nicht lange, und sie waten bis über die Füße in braunem, zähem Morast. Dann muß Nikolai in das Boot klettern. Der Vater zieht es noch ein paar Schritte. Nun steht er schon bis an die Waden im Wasser. Ein Sprung – das Boot schwankt, gewinnt das Gleichgewicht wieder, und mit den Riemen drückt es der Vater weiter ins Wasser hinein.

Die Strömung versucht, es sogleich mit sich fortzureißen, aber mit aller Kraft rudert der Vater dagegen. Und er hat nicht nur auf die Strömung zu achten. Mit dem reißenden Wasser schießen entwurzelte oder vom Sturm umgebrochene Bäume heran, Eisschollen drehen sich in wildem Tanz, und das Boot muß sich dazwischen den Weg suchen. Auf einen starken Zusammenprall kann es der Vater nicht ankommen lassen. Er hat für Nikolai ein festes Ruder ins Boot gelegt, mit dem Nikolai alles abwehren muß, was ihnen zu nahe kommt. Und während der Vater die Riemen weitausholend durch das Wasser zieht, kniet Nikolai im Boot und ist mit den Augen überall. Es bleibt ihnen keine Zeit, sich lange zu verständigen.

»Paß auf!« ruft der Vater nur, wenn sich ein Hindernis dem Boot nähert, oder: »Laß nicht locker! Stemm dich dagegen, Nikolai!«

Meter um Meter kommen sie dem anderen Ufer näher.

»Hier geht's noch«, sagt der Vater, als sie es erreicht haben, »aber wie wird es erst zur Insel hinüber werden mit dem wackligen Kasten!« Jetzt, da es die Mutter nicht mehr hören kann, gesteht er es vor Nikolai ein, daß es für solche Fahrten zu alt geworden ist.

»Im Sommer, wenn die Flüsse träge sind, mag man mit ihm noch eine gute Fahrt machen können.«

»Ach, laß nur, Väterchen«, sagt Nikolai, »ich bin ja dabei. Ich passe schon auf, du hast es ja gerade gesehen!«

»Tüchtig bist du, das muß ich sagen«, lobt der Vater, und damit schultert er den Zugstrick von neuem.

Stundenlang laufen sie durch den niedrigen Wald. Das Lindengestrüpp ist noch kahl und braun, an den Weidenzweigen aber perlen schon die silbernen Kätzchen, sie prahlen mit ihrem

Schmuck vor dem graugrünen Kieferngesträuch. Nikolai geht wieder hinter dem Boot. Trotz des ununterbrochenen Marsches zieht ihm manchmal ein Frostschauer über den Rücken, und seine Hände sind klamm vor Kälte. Es geht sich nicht gut durch das hohe, schwarzbraune Heidekraut, und das nasse Rentiermoos ist glatt. Mehr als einmal rutscht er aus. Er wundert sich, wie sicher der Vater vor ihm hergeht, immer gleichmäßig, ohne Hast und ohne Pause. An der rechten Seite seines Kopfes weht in immer gleichen Abständen die helle Wolke seines Atems. Wenn bloß die Sonne bald käme, denkt Nikolai, verdammte Kälte!

Gegen Mittag erreichen sie Lewins Hütte, die erste, oder wenn man von der anderen Seite kommt, die letzte der Ostjaken*siedlung und die schäbigste und windschiefste von allen. Ein wütendes Gebell von einem halben Dutzend Hunde empfängt sie und macht die Bewohner der Hütte neugierig.

Die Tür öffnet sich einen Spalt, und ein struppiger Kopf schiebt sich heraus. Ein Schwall hastig hervorgestoßener Schimpfworte ergießt sich über die Tiere, die böse knurrend Nikolai und seinem Vater entgegensehen. Der Kopf verschwindet, aber bevor die Tür wieder zufliegt, ruft der Vater:

»He, du! Ist er nicht zu Hause?«

Zögernd erscheint das Gesicht wieder, die zusammengekniffenen Augen schielen um die Tür. Ein Grunzen, dann ist es verschwunden.

Die beiden warten. Nicht lange, da geht die Tür auf und ein Mann erscheint. Über der niedrigen Stirn eine Pelzmütze, darunter schräge, hin und her huschende Augen, breite Backenknochen von lederner, brauner Haut überzogen, strähniges, langes Haar, ein bartloses Kinn.

»Der Winter scheint bei euch länger zu dauern!« blafft er Nikolais Vater an und mustert Nikolai mit mißtrauischen Blicken.

»Du wartest schon, Lewin, ich kann es mir denken. Ich wollte mit einem neuen Boot kommen, das ist es.«

»Hm, hm«, brummt Lewin, »und obwohl es lange gedauert hat, kommst du doch wieder mit dem alten Sarg!«

»Ja, ja, es geht nicht immer so wie man denkt. – Aber wie steht es mit den Gänsen?«

»Wie soll's stehen! Gut. Dieses Jahr fallen sie nicht auf der Insel ein. Sie gehen schon weiter oben auf der Sandbank nieder.«

»Dann wollen wir gleich fahren, Lewin!«

* Eingeborenenstamm in Sibirien.

»Nichts da, gleich fahren! Erst essen, kommt!«

Und als Nikolai hinter dem Vater her auf die niedrige Hütte zutritt und an Lewin vorüber muß, stellt ihm der Alte mit dem hinterhältigen Blick den Fuß in den Weg.

»Was willst denn du bei der Gänsejagd?«

Nikolai erschrickt, aber er zeigt es nur einen winzigen Augenblick. Er bleibt stehen, richtet sich hoch. Das gibt ihm immer ein Gefühl von Sicherheit.

»Ich will dem Vater helfen, Lewin.«

»Helfen! Helfen!« äfft der Alte hinter ihm her, »die Gänse wirst du uns verscheuchen, du Grünschnabel!«

Nikolai ist empört, er möchte Lewin etwas erwidern, aber da nimmt ihm ein furchtbarer Gestank im Innern der Hütte einfach die Luft weg. Warm, stickig und penetrant kommt es ihm entgegen. Und als er seine Augen an das Dämmerlicht gewöhnt hat, sieht er vor der Feuerstelle das Weib hocken, dessen Kopf vorhin zuerst um die Tür geguckt hatte. Sie läßt sich durch die Eintretenden nicht bei ihrer Mahlzeit stören. Ihr Gesicht ist vom Feuer rötlich beleuchtet und glänzt fettig. Mit den Händen wühlt sie im aufgeschnittenen Magen eines großen Tieres herum. Nikolai vermutet, daß es ein Elchmagen ist, und schmatzend kaut die Alte von seinem Inhalt. Lewin hockt sich sogleich neben sie und langt mit beiden Händen zu.

Nikolai beginnt es zu würgen. Nicht allein der furchtbare Geruch, auch daß er mit ansehen muß, wie genießerisch die beiden essen, reizt seinen Magen, sich umzudrehen.

»Setzt euch!« sagt Lewin, aber Nikolai möchte am liebsten wieder fortlaufen. Als er jedoch sieht, daß der Vater der Aufforderung folgt, tut er das gleiche.

»Na, wollt ihr zulangen?« meckert Lewins Stimme lauernd.

»Wir haben selbst«, sagt der Vater, »Tamara, meine Frau, hat uns alles eingepackt. Aber ich sehe, du warst auf der Elchjagd.«

»Ach was!« grummelt Lewin kauernd. »Ist schon lange her – habe ich aufgehoben – war ja kalt genug – aber jetzt mußte er weg.«

Deshalb stinkt es so mörderisch, denkt Nikolai, und er möchte dem Vater am liebsten um den Hals fallen, so erleichtert ist er, daß er nicht auch essen muß.

»Na«, brummt Lewin wieder, »ist euch wohl nicht fein genug, was?« Und schon bekommt die Frau einen Stoß in die Seite. »Hol Fische, Alte, und koch ihnen Tee!«

Umständlich und ächzend erhebt sich die Frau, die Hosen trägt wie Lewin und um deren Oberkörper nur ein zerrissenes Hemd schlottert.

»Los, los, mach, daß du auf die Beine kommst!« scheucht Lewin sie davon.

Kurz darauf fliegen Nikolai und seinem Vater zwei große gesalzene Störe zwischen die gekreuzten Beine. Und wieder eine Zeit darauf dampft der Tee vor ihnen aus zwei angeschlagenen, schmutzigen Tonnäpfen. Nikolai würgt und würgt, und damit der salzige Fisch, der ihm die Lippen aufschwellen läßt, besser rutscht, schlürft er den heißen Tee dazu.

»Da bist du nun ein Kerl wie ein Baum, Ibrahim, und verträgst nicht einmal das beste Essen, das es für uns gibt.«

»Ach, laß, Lewin, jeder auf seine Art«, sagt der Vater, »wir wollen jetzt aufbrechen«, und er wirft die Fischgräten ins Feuer.

Lewin flucht großartig

Die drei haben eine gute Stunde schlechten Weges vor sich. Sie gehen ohne Gewehre, dafür sind sie mit Äxten ausgerüstet.

»Gegraben habe ich schon«, brummt der alte Lewin zwischen Aufstoßen und geräuschvollem Zähnesäubern, das er schmatzend mit der Zunge besorgt.

»Oho!« sagt der Vater anerkennend.

»Ja, dafür kriege ich auch einen Teil mehr!«

»Mal sehen.«

»Na, na, das wird wohl richtig sein. Du weißt, wie tief der Boden gefroren ist und wie schwer es sich dann gräbt.«

»Schon, aber dafür arbeiten wir jetzt zu zweit.«

»Zu zweit!« meckert Lewin giftig, »mit dem da zu zweit?« Und er lacht, daß sich seine Stimme überschlägt.

»Warte nur ab, wir reden noch mal darüber!«

Als sie die Sandbank am Ufer erreicht haben, besieht sich Ibrahim Karalkan das Viereck, das Lewin schon ausgegraben hat. Und während er den Pelz auszieht, sagt er:

»Dann wollen wir das Holz holen.«

Er packt die Axt und steuert auf den nahen Wald zu. Nikolai geht hinter ihm her. Und nachdem der Vater die ersten Stämmchen umgehauen hat, gibt es für ihn genug zu tun. Er muß die Äste abhacken, die sie zum Verkleiden der Hütte brauchen. Bepackt, daß ihm der Schweiß über das Gesicht läuft, schleppt der Vater die Pfähle zu Lewin. Der nimmt sie und schlägt sie nebeneinander in den Boden. Als die erste Wand steht, beginnt Nikolai, die Äste dazwischenzustecken. Einmal wegen der Kälte und zum andern als Tarnung.

Am Abend sind die Wände fertig, nur das Loch an der hinteren Seite, in das sie die Tür hängen wollen, ist noch frei. Die Nacht verbringen sie in Lewins Hütte. Nikolai meint zuerst, daß er kein Auge zumachen wird, so stickig, so stinkig ist es, so viele Flöhe beginnen ihn zu piesacken, aber die ungewohnte Arbeit, der lange Marsch bis zu Lewin machen sich bemerkbar. Er wälzt sich zwar noch lange auf dem Fußboden, aber dann packt ihn der Schlaf.

Am nächsten Morgen bekommt die Hütte das Dach, und im Boot, das sie nun wieder mitgezogen haben, liegen ein paar graue Bretter, die sie zu einer Tür zusammennageln und aus denen sie sich eine Bank in die Hütte zimmern. Als letztes laden sie einen klapprigen alten Kanonenofen aus.

Während sie sich so die Voraussetzungen für die Gänsejagd schaffen, ziehen immer wieder große Schwärme der begehrten Vögel über sie hinweg, und fast jedesmal blinzelt der Alte jagdlustig zu ihnen hinauf.

»Ach, ihr Täubchen, ihr weißen, warum kommt ihr nicht erst, wenn unsere Hütte fertig ist? Teufelszeug, ihr, müßt ihr jetzt schon kommen? Na wartet!«

Nikolai schleppt währenddessen trockenes Holz herbei, und als der Abend des zweiten Tages anbricht, knackt schon ein helles Feuer im Ofen, und der Teekessel schaukelt darauf. Das Boot liegt neben der Hütte, und im Schein der geöffneten Ofentür stopft Ibrahim Karalkan die Lockgänse noch einmal zurecht.

»Morgen in aller Frühe kann es losgehen, Kolja. Hoffentlich haben wir Glück!«

»Warum nicht, Vater!«

Lewin lehnt sich breit an die Wand. Die Augen hat er zusammengekniffen, die Hände in die Hosentaschen vergraben. Würde nicht hin und wieder seine Zigarette rot aufglühen und würde er sich nicht ab und zu den Rücken an der Wand scheuern, wobei dann immer die langgewordene Zigarettenasche auf seinen Pelz fällt, man könnte denken, Lewin schliefe im Stehen.

Nikolai, der ihn wegen seiner abfälligen Bemerkungen nicht leiden kann, sitzt auf der Bank und beobachtet ihn. Nikolai sieht auch, wie die Zigarette zwischen seinen Lippen sich weiter und weiter verraucht.

Wenn er doch nicht merken würde, wie kurz sie schon ist, damit er sich an dem Stummel das Maul verbrennt, denkt Nikolai und vergißt darüber ganz, den Tee zu kochen – eine Arbeit, die ihm der Vater übertragen hat. Gerade als es am spannendsten ist, als es sich nur noch um Sekunden handeln kann, daß Lewins Lippen zu schmoren beginnen, sagt der Vater:

»Hörst du nicht, Kolja? Das Wasser kocht. Hol den Tee!«

Nikolai rutscht von seinem Sitz, sucht unter der Bank das Bündel hervor – und genau in diesem Augenblick saust in hohem Bogen der glühende Zigarettenrest über seinen Kopf und zerstiebt funkenstreuend am Ofen.

»Kraut, verdammtes, das in der Hölle gewachsen ist!« schimpft Lewin, spuckt aus und langt nach der Blechschachtel, um sich eine neue Zigarette zu drehen.

»Der Tee ist fertig«, sagt Nikolai, der von einem gepreßten, schwarzen, rechteckigen Stück den nötigen Tee abgebrochen und in den Topf geworfen hat.

»Zucker drin?« fragt der Vater, während er den Rücken geradebiegt und sich auf die Bank setzt.

»Ja, Väterchen.«

»Dann schneide uns ein tüchtiges Stück Brot ab!«

Sie sitzen nebeneinander, und wenn sie die heißen Blechnäpfe von einer Hand in die andere schieben, legen sie die dicken Brotkanten auf die Knie.

»Eine gute Frau hast du, Ibrahim«, sagt Lewin, »jedenfalls backt sie gutes Brot. Seit dem Winter, als wir die Elche gehetzt haben, ist mir solches nicht mehr zwischen die Zähne gekommen.«

»Willst du noch ein Stück?«

»Nicht doch, dein Nikolai hat es schon gut gemeint.« Er schlürft bedächtig und laut den Tee in sich hinein. »Ach, Ibrahim, zufrieden kannst du sein! Eine gute Frau – und einen guten Sohn, der mit dir zur Jagd geht! — Sieh mich an, Ibrahim, was habe ich? Eine Frau, die faul ist, daß es zum Himmel schreit, die am liebsten den ganzen Tag auf dem Fell liegen und sich den Kopf kratzen würde. Und sieh dir meinen Sohn an! Geht nicht mit zur Jagd, nein, nein. In den Ural ist er gezogen, nach Gold gräbt er, der Faulpelz, der Tagedieb! Wird lange graben können, der Narr. Gibt es nicht bessere Arbeit für einen Mann, als nach ein paar glänzenden Körnern die Erde aufzuwühlen wie ein Maulwurf?«

»Vielleicht ist es gut, daß er kein Jäger geworden ist«, sagt Nikolais Vater ruhig.

Ein böser Blick schießt zu ihm hin. Ibrahim Karalkan steht auf und legt einen neuen Kloben Holz in die Glut.

»Wir werden nun doch den Aufpasser bekommen, von dem wir im Winter gesprochen haben«, sagt er und schlägt schnell, um sich nicht die Finger zu verbrennen, die rotglühende Ofentür zu.

»Ist es sicher?« hört Nikolai den Ostjaken fragen.

»Ja.«

»Räudiger Sohn einer tollen Hündin! Der Himmel soll ihn pudweise fressen! Er soll ihn wiederkäuen und noch einmal hinunterwürgen!«

Nikolai lacht vor sich hin. Lewin ist zwar ein widerlicher, schmutziger Kerl, aber fluchen kann er großartig. Bloß gut, daß es die Mutter nicht mit anhören muß!

»Hast du wieder keinen Wodka mitgebracht, Ibrahim?«

»Nein. Ist denn das Fäßchen schon leer, das du dir mitgenommen hattest vom Krämer?«

»Freilich ist es leer. Die Alte, Ibrahim, die Alte! Wenn ich draußen im Wald war, hat sie gekostet ... ein Schlückchen ... zwei Schlückchen ... drei Schlückchen ... aber Trum* wird sie strafen, die liederliche Alte!«

Nikolai kann sich nur noch mit Mühe das Lachen verbeißen. Aber als Lewin weiterspricht, läuft es ihm kalt über den Rücken.

»Er ist unvorsichtig, der Herr aus Petersburg. Denk nur, Ibrahim, wie groß unser Wald ist, hat schon mancher nicht mehr herausgefunden! Und die Moore sind tief und verschwiegen, und vor allem – man sieht es manchmal nicht gleich, daß es Moore sind ... Und wie tief sind erst die Seen! Und dann gibt es bald wieder die Waldbrände, danach sind die Bären hungrig, und wenn das alles nicht hilft, gibt es unsere Fallen. Denen ist es egal, was sich darin fängt!«

»Hör auf, Lewin! Du redest, als hättest du eine ganze Flasche Schnaps getrunken. Laß das niemanden hören, sonst kannst du die Birken zählen gehen**! – Nein, Lewin, so geht das nicht.«

»Und wie denkst du es dir?«

»Hm – wenn es wirklich mit den Verboten so kommt, wie der Polizist gesagt hat, dann ist es freilich schlecht. Aber überall kann er ja nicht sein, der Aufpasser, und ich denke, man könnte vielleicht ein Stück in den Norden ziehen. Wild gibt es doch überall!«

»Ach, schlecht ist das. Im Norden sind auch Jäger. Sie werden uns nicht in ihre Hütten einladen. Und wir sind fremd im Norden. Die Jagd wird wenig einbringen.«

»Das mag sein, aber es wäre ein Weg.«

»Ja, ein schlechter.«

»Ist es dir lieber, bei irgendeiner Sache erwischt zu werden, die dich ins Gefängnis bringt?«

Nach dieser Frage ist es still, dann schnaubt Lewin durch die Nase wie ein gereizter Bär, und danach beginnt er zu fluchen. Auf russisch, ostjakisch, tartarisch. Seine ganze Angst vor dem Gefängnis flucht er sich von der Seele.

Plötzlich bricht er ab.

* Oberster Ostjakengott.
(Trumchar – Platz für Gottesdienste.
Trumchod = Tempel des Ostjakengottes).

** Wurde ein Mensch nach Sibirien verbannt, so hieß es im Volksmund: »Er ist ausgeschickt, die Birken zu zählen«, weil die Transportstraßen mit Birken bestanden waren. – War die Verbannungszeit abgelaufen, so wurde der Verbannte »freizügig«.

»Nimmst du mich mit, wenn du gehst, Ibrahim? Vielleicht hätten es zwei Jäger leichter als einer.«

»Das mag sein, Lewin.«

Nikolai hört, wie der Alte aufatmet.

»Dann laß uns jetzt schlafen.«

Er rumort noch einen Augenblick in seiner Ecke, bis er sich auf der Bank zurechtgehockt hat. Aber kein Wort ist mehr von ihm zu hören.

Nikolai lehnt sich an den Vater. Er denkt noch einmal nach über alles, was er gehört hat . . .

Nach Norden wird der Vater gehen. Ich wußte ja, daß er einen Ausweg findet. Ob er mich mitnimmt?

Silberne Wolken über der Sandbank

In der Nacht wird Nikolai ein paarmal munter, weil der Vater aufsteht, um neues Holz in den Ofen zu legen. Der Wind rüttelt an der schnell gebauten Hütte und zerrt an den Zweigen. Obwohl die Hütte nur zur reichlichen Hälfte über dem Boden steht, scheint sie dem Wind im Weg zu sein.

Nikolai wird auch durch das überlaute Schnarchen Lewins immer wieder geweckt, der im Schlaf zweimal auf ihn kippt.

Als er am Morgen aus dem Traum in die Wirklichkeit findet, liegt sein Kopf auf dem Bündel, das ihm der Vater unter den Kopf geschoben hat. Die Tür ist eine Handbreit offen und es weht kalt herein, daß es Nikolai durch alle Glieder fährt. Er sieht sich um. Sie sind schon draußen, denkt er und springt von der Bank.

Im ersten fahlen Frühlicht liegt der graue gischtige Fluß, die breite, weit überschäumte Sandbank, auf der braune Grasbüschel ihre langen Halme traurig wehen lassen. Zwischen dem niedrigen Birken- und Weidengestrüpp sieht er Lewin stehen, das Gesicht gegen den Himmel gehoben, mit der Nase windend wie ein Hund. Der Vater ist nur wenig von ihm entfernt. Er hat die Lockgänse bereits ausgesetzt. Zu zweien und vieren hocken sie im Sand, die Köpfe steif gegen den Wind gereckt, der aus Nordosten kommt.

Schnell geht Nikolai in die Hütte zurück, holt den Kessel, um Wassen für den Tee zu schöpfen, und rennt zum Fluß hinunter.

»He, Kolja!« ruft der Vater, als er ihn kommen sieht, »mach dein Pfeifchen zurecht, es kann losgehen!«

Nikolai folgt mit den Augen dem ausgestreckten Arm des Vaters. Als schräger Strich, dünn, ganz dünn, wie mit einer Nadel in den Himmel geritzt, zeichnet sich von Süden her eine Linie ab.

»Laß das Wasserholen, jetzt ist andere Arbeit wichtiger!«

Lewin ist bereits in der Hütte verschwunden. Ungefähr zehn Schritte von ihr entfernt verkriecht sich Nikolai ins dichte Gesträuch. Den Kessel hat er in seiner Aufregung mitgenommen. Während auch der Vater mit großen Sätzen in die Hütte rennt, läßt Nikolai keinen Blick vom Himmel. Plötzlich ist ihm das Jagdfieber ins Blut geschlagen. Er spürt keine Kälte mehr, sein Herz klopft laut. Deutlicher, dunkler wird der schräge Strich, näher und näher zieht er heran.

Nikolai wartet. Die Zeit wird ihm endlos lang, bis er die Pfeife aus Birkenrinde an den Mund setzt.

Ein heiserer, quätschender Ruf hallt laut in den aufsteigenden Morgen, weithin vernehmbar. Nikolai erschrickt, so sehr hat er die Stille zerrissen. Doch schon bringt er es wieder hervor, das heisere »Schähäää – schähäää«, schnell hintereinander, als ob mehrere Gänse riefen.

Zuerst sieht es aus, als wolle die Linie hoch oben nicht niedriger werden. Dann aber löst sich die Anordnung auf. Zwei große grauweiße Vögel kommen tiefer. Nikolai sieht, wie sie mit langgestreckten Hälsen immer näher auf die Sandbank zuschwenken. Noch eine folgt ihnen, dann noch eine.

»Schähäää – schähäää«, ruft es ihnen entgegen. Sie werden immer größer im Näherkommen. Haben sie ihre Artgenossen auf der Sandbank erkannt? Trauen sie ihnen? Es scheint so. Sie schlagen mit den breiten Schwingen und setzen sich ein Stück entfernt von ihnen auf den Boden. Mit schiefgehaltenen Köpfen äugen sie zu den Lockvögeln. Kurz darauf kommen andere Gänse aus demselben Zug, um mit den ersten zu beobachten. Kein noch so leises Geräusch aus der Hütte, kein Laut von Nikolai bestärkt ihren Argwohn. Über dem angespannten Beobachten ist es Nikolai ganz entgangen, daß vom Süden her bereits eine neue Kette heranzieht und dahinter noch eine und danach eine dritte. Dann sind das hier die Kundschafter, denkt er.

Und nun braucht er sein Pfeifchen nicht mehr zu bemühen. Vielstimmig ruft es aus lebendigen Gänsehälsen die Näherkommenden. Wenn sie sich alle hier niedersetzen, wird es sich lohnen, frohlockt Nikolai.

Wenig später ist die ganze Sandbank von flügelschlagenden, kreischenden Gänsen bevölkert. Nikolai wagt nicht, den Kopf nach der Hütte zu wenden, aus Angst, er könnte das vorsichtige Wild damit warnen. Er weiß, daß sich jetzt Stück für Stück die Gewehrläufe aus den kleinen Schießlöchern schieben, die sie beim Hüttenbau offengelassen haben.

Er braucht nicht mehr lange zu warten. Ohrenbetäubend krachen zwei Schüsse zu gleicher Zeit von der Hütte her. Im Augenblick stiebt das ganze Gänsevolk schreiend und wie irrsinnig mit den Flügeln schlagend auseinander. Aber noch in die Masse hinein, die sich hastig hochschwingt, fährt abermals das Feuer.

Graue Pulverwolken nehmen Nikolai die Sicht. Dann sieht er wirbelnde Federn, und wie ein Spuk ist alles vorbei. Nikolai springt zur Sandbank hinunter. Im Rennen zählt er die Gänse,

die liegengeblieben sind. Acht, neun, zehn, elf, dort noch eine, auf dem Wasser auch eine, nein zwei – der Fluß reißt sie mit sich fort.

Nikolai sieht den Fliehenden nach. Mehrere bleiben zurück, werden langsamer, taumeln unsicher in der Luft: angeschossene, die man nicht mehr kriegen kann. Schade, denkt Nikolai. Dann holt er die Jagdbeute zusammen.

»Wie viele?« rufen sie.

»Zwölf!« schreit Nikolai durch die hohlen Hände, und gleich darauf: »Nein, es sind dreizehn! Nein, vierzehn!«

Als er sie alle zusammengeholt hat, sind es sechzehn, und in der Aufregung erwischt Nikolai sogar noch eine Lockgans dazu. Das trägt ihm Lewins Hänseleien ein, aber Nikolai macht sich nichts weiter daraus, denn der Vater hat zu ihm gesagt:

»Gut hast du es gemacht, Kolja!«

Als die Gänse hinter der Hütte liegen, kochen sie sich den Tee. Lewin hat Ausguck bezogen. Die Sonne ist hochgekommen und beginnt, Sträucher und Moos zu trocknen. Der Wind hat sich nach Osten gedreht. Sie setzen ihm die Lockvögel genau entgegen.

Aber es kommt nichts, bis in den Vormittag hinein. Dann aber schimmert es wieder wie ein silberner Keil: ein neuer Gänseflug, der sich, von Nikolais Rufen angelockt, der Sandbank nähert.

Diesmal bleiben zwölf Gänse auf der Strecke. Dann ist wieder Pause bis zum Abend. Und wieder mag es eine Schar von hundert Gänsen sein, zwischen die das Feuer der Jäger fährt. Einundzwanzig von ihnen werden ihr Ziel, die nördliche Tundra, wo sie nisten wollten, nicht mehr erreichen.

Rotgolden versinkt der Tag. Die Sonne spiegelt sich in langer Bahn im reißenden Wasser; Heide, Niederwald und Sandbank sind noch von ihrem Licht gefärbt, als sich die verwischenden Schleier des Abends am Himmel ausbreiten.

Nikolai und der Vater suchen eine Gans heraus, die am meisten von dem groben Schrot der großkalibrigen Flinten abgekriegt hat. Gemeinsam beginnen sie den Vogel zu rupfen, während Lewin Holz zusammenträgt. Als die Federn neben ihnen liegen, nimmt der Vater die Gans aus.

»Schmeiß die Därme schnell ins Wasser!« sagt er und macht eine Kopfbewegung in die Richtung, aus der sie Lewin hacken hören, »der bringt es sonst fertig und frißt sie wieder!« Nikolai rennt im Galopp davon.

Am späten Abend sitzen sie unter der alten blakenden Ölfunzel, die Lewin mitgebracht hat, und lassen sich das gebratene Fleisch schmecken.

Die nächsten Tage vergehen wie der erste. Es dauert nicht lang, und Nikolai erkennt schon von großer Weite, was für Gänse die Sandbank überfliegen werden. Meist sind es Graugänse, die in sausendem Fluge heranstreichen. Wenn es Saatgänse sind, lockt Nikolais Pfeifchen anders. Ihr helles Trompeten nachzuahmen macht ihm den größten Spaß. Er erkennt sie immer an dem weit auseinandergezogenen Keil, in dem sie fliegen.

»Was wird mit den angeschossenen Gänsen, Vater?« fragt er eines Abends, »die sind für uns verloren und für das Leben auch. Ich seh' ihnen immer nach, es sind viele!«

»Na, manche rappeln sich zurecht, die andern sind hin!«

»An was du so denkst!« brummt Lewin mürrisch, »als ob das weiter was wäre! Kommen doch jedes Jahr genug neue, laß sie doch krepieren! Die Krähen wollen auch leben und der Fuchs und der Marder auch, und erst recht Aschninika*. Was willst du eigentlich?«

»Ich wollte es ja nur wissen.«

Nikolai findet Gefallen an diesem Leben. Der Tag beginnt, wenn sie aufhören zu schlafen, und er endet, wenn ihnen die Müdigkeit in die Glieder kriecht. Wie viele Stunden es sind, die dazwischenliegen, das entscheiden sie ganz allein. Sie essen, sie trinken und die Jagd macht keine Mühe, wenn die Gänse erst einmal ziehen, so wie in diesen Wochen. Ihre einzige Sorge ist, daß mit einem Schuß recht viele auf der Sandbank bleiben, denn Patronen sind teuer. Trotzdem hat Nikolai einige Male schießen dürfen. Vor Aufregung haben ihm die Hände nur so gezittert, als er sie um den schweren Flintenschaft gelegt hat, und der Rückstoß nach dem Abdrücken hatte ihm eine ziemliche Backpfeife versetzt. Aber was machte das alles, wenn einem der Vater sagte:

»Nicht schlecht für den Anfang!«

Seit sich die Gänse hinter den Booten immer mehr häufen, müssen sie auf Lewin dauernd ein Auge haben. Er sucht nach Gelegenheiten, die einen Gang zu seiner Behausung notwendig machen.

»Ich denke, er hat irgendwo ein Loch, in das er die Gänse steckt, wenn er Holz holt«, sagt der Vater.

»Warum gehst du mit ihm, wenn er dich immer betrügt?«

* Name für den Bären bei den Ostjaken.

»Warum? Weil der Hüttenbau für einen allein zu lange dauert. Und dann versteht er sich gut mit dem Mann, dem das Ufer hier gehört. Der Zins ist nicht hoch, und ich würde das Land einfach nicht bekommen. Außerdem, Kolja, wie viele Gänse kann er schon fortschleppen? Wir zählen sie doch. Er sagt dann zwar immer, ich hätte mich verzählt. Ach, laß ihn, so ist er halt. Er hat eben Freude am Betrügen.«

»Wenn wir eine andere Stelle wüßten, könnten wir allein gehen, ich meine du und ich.«

»Ich habe auch schon in den letzten Tagen daran gedacht. Wir müßten uns einmal umsehen.«

Um Kolja und den Vater, die wieder beim Gänserupfen sind, wirbeln die Federn, von einem böigen Wind aufgescheucht. »Du, Vater, was ich dir immer sagen wollte: einen Tag bevor wir abfuhren, war ich doch bei Wassiljew. Als ich eingekauft hatte, ging er mit bis vor die Tür und sagte, ich solle dir ausrichten, daß du dich immer auf ihn verlassen könntest. Es war wegen des Forstbeamten, du weißt schon.«

»So, das hat Wassiljew dir gesagt.«

Nikolai rupft übereifrig immer auf derselben Stelle.

»Hm . . . und nun möchtest du wohl wissen, wieso der schmierige Kerl zu einer solchen Vertraulichkeit kommt?«

»Ja«, sagt Nikolai und sieht den Vater an.

»Ich muß dir sagen, Kolja, das weiß ich auch nicht. Aber ich kann mir denken, daß er vorbeugen will. Das Geschäft soll nicht leiden, dafür ist Wassiljew zu allem bereit.«

Nikolai versteht nicht ganz, was der Vater meint, aber er denkt, daß es schon richtig sein wird, wie es der Vater sieht. Und Nikolai weiß jetzt, daß der Vater nichts mit Wassiljew zu tun hat.

Einige Tage später schießen drei Boote vollgepackt mit Gänsen auf dem Fluß davon. Im ersten sitzt Lewin. Sehnig und wendig, wie man es ihm kaum zutraut, hockt der mürrische Ostjake in seinem Boot. Im Schlepp hat er das Boot mit Nikolai, und an dieses gehängt kommt der Vater mit dem letzten. Außer den drei Steuerleuten sind nichts weiter als grauweiße Gänse in den schmalen Kähnen: rechts, links, vor und hinter ihnen. Gerade so viel Platz bleibt ihnen, daß sie sich bewegen können.

Es wird eine rasende, gefährliche Fahrt. Jede Sekunde der Unaufmerksamkeit kann ihren Tod bedeuten, das wissen sie. Sie haben alle Kraft nötig, um Herr über ihre Fahrzeuge zu bleiben.

Mehr als einmal stoßen sie um Haaresbreite mit Baumstämmen zusammen, die der Fluß ins dichte Untergestrüpp gedrückt hat und die nun die Fahrrinne wie Schranken blockieren. An solchen Stellen müssen sie an Land rudern und die Boote so weit hinter sich herziehen, bis sie wieder freie Fahrt haben.

Nikolai ist der Erschöpfung nahe, so angestrengt muß er sich ins Zeug legen. Das Wasser quirlt und gurgelt neben ihm, es ist mit schmutzigem, gelbem Schaum bedeckt und springt oft in sein Boot, das von der schweren Ladung sehr tief liegt. Mehr als einmal denkt Nikolai: wir kommen nicht mehr nach Hause, jetzt ist es aus! Und er möchte sich in das Schicksal ergeben, aber jedesmal feuert ihn der Vater mit einem lauten Ruf an, und er sieht mit angstvoll aufgerissenen Augen in die schreckliche Gefahr und gibt sein Bestes, um sie zu überwinden.

Wie eine Erlösung kommt es ihm vor, als sie den Niederwald verlassen und von weitem das Dorf liegen sehen.

»Unsere Hütte!« ruft er, viel lauter als es notwendig wäre, und dann rudert er, als seien ihm plötzlich noch einmal Riesenkräfte gewachsen, auf das Ufer zu. Als der Bootskiel über den Sand knirscht, sieht Nikolai die Mutter angerannt kommen. Es gibt keine lange Begrüßung, sie beginnen sofort, jene Gänse auszuladen, die daheim bleiben sollen. Und Nikolai weiß, welche Arbeit jetzt auf ihn wartet: Gänse rupfen! Lewin und der Vater machen sich auf den Weg zu Wassiljew. Bei den Häusern treffen sie mit Männern aus dem Dorf zusammen. Natürlich werden sie angehalten.

»Ah, die Gänsejäger kommen! Na, wie war die Jagd?«

»Es ging«, sagt der Vater.

»Man muß sich eben rühren!« beißt Lewin los.

»Glück habt ihr, daß ihr das Ufer jedes Jahr bekommt!«

»Ist ja auch teuer genug!« gibt Lewin zurück.

Als die zwei vorbei sind, sagen die Männer:

»Man müßte dem Besitzer mehr bieten ... wenn wir uns zusammentäten?«

»Vielleicht könnte man sie ausstechen!«

»Lewin ausstechen? Lewin, der die besten Hunde hat? Er bietet einen zum Verkauf, und er hat das Ufer!«

»Vielleicht wird es ihnen verboten, wenn der Herr aus Petersburg kommt«, heißt es gehässig.

Bei Wassiljew riecht es wieder nach Kramladen. Lewin zieht den Geruch wie eine Verheißung in die Nase – er riecht nur den Schnaps heraus.

»Ibrahim! Lewin! Meine Brüderchen!« kommt Wassiljew ihnen entgegen. Jetzt, da der Ladentisch seinen Bauch nicht verdeckt, kann man die Rundung in ihrer ganzen Mächtigkeit sehen, trotz des weiten Kittels, der mit unzähligen Flecken verziert ist. »Ihr habt eine gute Jagd gehabt, ich sehe es euch an. Wie könnte es auch anders sein bei guten Jägern!«

»Halt keine Reden!« sagt Lewin und spuckt aus.

»Ist der Aufkäufer schon da?« fragt Ibrahim Karalkan.

»Der Aufkäufer? Aber Ibrahim, wie könnte er, wenn die Flüsse noch nicht frei sind!«

»Dann müssen wir ihm entgegenfahren oder auf ihn warten, wenn er sich nicht traut, der Schlappschwanz!« Lewin ist aufgebracht.

»Die Flüsse sind frei, Wassiljew, jedenfalls so wie sie immer waren, wenn er kam«, sagt Ibrahim.

»Was wollt ihr auf den Aufkäufer warten! Bringt doch die Gänse mir, ihr verliert keine Zeit und könnt weiterjagen. Ich will nichts verdienen, Brüderchen, ich will euch gefällig sein. Ihr kauft alles bei mir ein, wie könnte ich anders als euch helfen!«

»Den Quatsch erzähl alten Weibern, nicht uns!« Lewin läßt sich krachend auf eine Kiste fallen. »Du denkst wohl, du kannst uns übers Ohr hauen wie im vorigen Jahr. Erst mit den Gänsen und dann mit dem Lumpenzeug, das du uns andrehst.«

»Ach, Lewin, wenn ich dich nicht kennen würde, ich wäre beleidigt. Wie kannst du . . .«

Lewin schneidet mit einer Handbewegung Wassiljew das Wort ab.

»Schnaps!« sagt er, »eine Flasche, aber voll bis oben hin! Sonst holt dich der Teufel!«

Nikolais Vater ist an ein Faß gelehnt stehengeblieben.

»Willst du nicht auch ein Schnäpschen?« fragt Wassiljew, »oder wenn nicht, dann setz dich wenigstens und stopf dir ein Pfeifchen!«

Statt der Aufforderung nachzukommen, fragt Ibrahim:

»Der Bürgermeister hat Besuch? Dort drüben steht doch ein Mann!«

»Besuch hat der Bürgermeister? Das ist mir neu!« Wassiljew ist aufs höchste erstaunt.

»Hm«, fährt Ibrahim fort, »und wenn mich nicht alles täuscht, ist es der Aufkäufer.«

»Der Aufkäufer? Was du nicht sagst, Brüderchen . . . du mußt dich täuschen!«

»Das werden wir gleich sehen!« Damit ist Ibrahim zur Tür hinaus.

Eine Stunde später sind sie handelseinig, Lewin, Ibrahim und der Aufkäufer. Für die großen Gänse zahlt er einen Rubel, für die kleinen achtzig Kopeken. Für einen Teil tauschen sie Patronen ein, die der Aufkäufer mitgebracht hat. Er zahlt auch ein Fläschchen Wodka für Lewin und ein Päckchen Machorka für Ibrahim. Dann fährt er dreihundert Gänse auf seinem Lastkahn die Konda hinab.

Als die beiden Jäger ihre Einkäufe im Laden machen, hageln auf den verlogenen Wassiljew die ausgeklügeltsten Flüche nieder, die Lewin zu vergeben hat.

›Na, wenn schon‹, denkt der Krämer, ›das meiste Geld, das ihr bekommen habt, bleibt ja doch bei mir!‹

Kyrill Maximowitsch

Mit einem Ruck bringt der Kutscher die Pferde zum Stehen. Eine halbe Stunde vor dem Dorf hatte er sie zu wildem Galopp angepeitscht. Jetzt stehen sie still, über und über mit Schlamm bespritzt, und zittern von der Anstrengung.

Der Kutscher dreht sich bedächtig nach rückwärts, und während er sich mit der Hand über das dreckbeschmierte Gesicht fährt, sagt er:

»Halten zu dienen, Euer Gnaden, wir sind da. Dieses ist das Haus des Bürgermeisters.« Der Peitschenstiel in seiner Hand macht eine schnelle Bewegung nach links.

Aus dem Tarantas erhebt sich mühsam ein Mann. Als er sich so weit aufgerichtet hat, daß er sitzt, sagt er:

»Ich sollte dich so verprügeln, wie du eben die Gäule geprügelt hast, du Hundesohn!« Dabei befühlt er seinen Rücken, seinen Kopf und seine Beine.

»Aber es war Euer Wunsch, so schnell wie möglich an Ort und Stelle zu sein«, sagt der Kutscher ungerührt. »Außerdem ist es Sitte, vor dem Ziel ein wenig flott zu fahren.«

»Dir scheint weiß Gott das Fell zu jucken. Wärst du nicht schon so alt, daß du mein Vater sein könntest, ich schlüge dir . . .«

»Mach dir nichts draus, du«, sagt in diesem Augenblick eine Stimme hinter dem alten Kutscher, »es war herrlich – himmlisch! Er schlägt dich nicht, wenn ich es nicht will. Komm, hilf mir aussteigen!«

Ein Mädchen hat sich aus dem Innern des Gefährtes neben den Kutscher geschoben.

»Hat es dir gefallen, Seelchen?« flüstert er, als er abgesprungen ist und das Mädchen über den weidengeflochtenen Rand des Tarantas hebt. »Wohin soll ich das Gepäck bringen, Euer Gnaden?«

»Frag nicht so dumm! Wie soll ich es wissen? Erst muß ich mit dem Bürgermeister sprechen. Warte, bis ich wieder herauskomme!«

Der Mann, der nach dem Kind das Fahrzeug verlassen hat, geht auf das Haus zu.

»Du hättest auch warten sollen, Kyra, deine Stiefel, dein Pelzchen, liebe Zeit, pansch doch nicht in den tiefsten Dreck!«

»Warum nicht, ich bin so glücklich, Väterchen!«

»Glücklich, so«, sagt der Vater und will die Haustür gerade öffnen, als ein Mann heraustritt.

»Gottes Segen über dich, Herr! Du bist gewiß Kyrill Maximowitsch, der Forstbeamte aus Petersburg. Ich habe dich schon in jeder Stunde erwartet. Sei willkommen unter meinem bescheidenen Dach!«

»Danke für den Willkommensgruß, Freund! Ich will dir nicht lange zur Last fallen, ich denke, daß du für mich eine Wohnung in deinem Dorfe hast. Wenn nicht, wirst du mir eine bauen lassen. Das ist meine Tochter Kyra und . . .«

»Oh, du hast ein Engelchen mit zu uns nach Sibirien gebracht! Marja, Frau, komm her, sieh dir das Mädchen an! Sieht es nicht aus wie ein Engelchen?«

»Ja, ja«, unterbricht Kyras Vater den Redeschwall, »es sieht aber nur so aus. Und nun wollen wir ins Haus gehen!«

Durch den Vorraum betreten der Forstbeamte und seine Tochter die Stube. Sie bekreuzigen sich vor der Ikone im Winkel neben dem mächtigen Ofen, bevor sie sich umsehen. Sofort fallen ihnen zwei große Plüschsessel auf, die nicht in die einfache Umgebung passen wollen. Auf dem Tisch stehen die Teeschalen schon bereit, und der Samowar summt laut.

»Mach es dir bequem, Herr, und denke von allem, was mir gehört, daß es auch dein ist.« Aufrecht, aber in gebührendem Abstand bleibt der Bürgermeister stehen. »Du willst gewiß zuerst einen guten Tee, Herr. Und dann wird dir Marja, meine Frau, eine kräftige Fischsuppe bringen. Sie soll dir gut bekommen, Herr, ich wünsche es dir und deiner Tochter auch. Und danach wird Marja noch ein paar Haselhühner für dich auftragen. Hoffentlich sind sie so, daß du dich bei uns wohl fühlst, Herr!«

»Ich denke schon, Freund. Bitte trink den Tee mit uns!«

»Danke, Herr!«

Während sie den Zucker im Tee verrühren und die heißen Schalen vorsichtig zum Munde führen, forscht der Bürgermeister im Gesicht seines Gastes ... Er ist noch ein junger Mann, er sieht energisch aus und ein bißchen verdrießlich – nein, nicht nur verdrießlich, er sieht enttäuscht aus. Vielleicht kommt er nicht aus freiem Willen nach Sibirien. Man hört viel! Das kann gut sein – oder auch nicht. Es könnte bedeuten, daß es ihm ziemlich gleichgültig ist, was wir machen, es könnte aber auch sein, daß er wütend ist, weil er hier herkommen mußte, und läßt seinen Zorn an uns aus. So ein Mann wie er, groß, stattlich, mit einem Bart so glatt und gestriegelt, wie ihn der Zar hat, den der Himmel beschützen möge, ein solcher Mann nach Sibirien? Wenn man nur wüßte, was man davon halten soll!

Und der Mann gegenüber denkt: So also sieht das Ziel aus, das ich nicht hoch genug stecken konnte. Ein schmutziges Dorf in Sibirien, das fast im Schlamm versinkt, ein Forstgebiet so groß, daß ich von vornherein weiß, ich werde es nie allein verwalten können. Aber ich habe es so gewollt, und ich werde alles tun, was möglich ist. Etwas unternehmen, das gutgehen *muß*, kann jeder. Außerdem bin ich Schwierigkeiten gewöhnt. Ich will damit fertig werden!

Er ist derart in seine Gedanken vertieft, daß er kaum wahrnimmt, wie die Frau des Bürgermeisters die Suppenschüssel zwischen ihn und Kyra auf den Tisch stellt. Das Mädchen nimmt den Blechlöffel und rührt darin herum.

»Ist es ein schönes Haus, in dem wir wohnen werden, Herr?« fragt sie.

»Hmm«, lächelt der Bürgermeister, »ich weiß nicht, Seelchen, gar so schön ist es nicht. Es steht schon ein Weilchen leer, weil der, dem es gehörte, in die Stadt gezogen ist. Siehst du, man könnte es aber ein bißchen herrichten, daß es dir gefällt, oder dein Vater läßt sich ein neues bauen. Ganz wie er will.«

»Habt ihr auch eine Schule hier?«

»Aber gewiß, Täubchen. Sieh dort hinüber!« Der Bürgermeister zeigt aus dem Fenster. »Das Haus neben der Kirche, das ist die Schule. Sechsundvierzig Kinder gehen zu unserer Lehrerin!«

»Eine einzige Lehrerin nur?«

»Ja – aber sie ist sehr klug.«

»Woher weißt du es?«

»Nun, das merkt man doch.«

»Woran?«

Der Bürgermeister verzieht sein gutmütiges, breites Gesicht zu einer nachdenklichen Grimasse.

»Oh«, sagt er und wiegt den Kopf, »man merkt es an vielem. Sie kann mit jedem Fremden sprechen, der in unser Dorf kommt, auch wenn er nicht in unserer Sprache redet. Dann kann sie uns die Briefe schreiben an den Steuerbeamten in der Stadt oder an den Ispravnik. Rechnen kann sie, sage ich dir, daß es einem nur so im Kopf wirbelt, und wenn der Doktor nicht gleich kommt, dann vertritt sie ihn manchmal. Nähen kann sie, mit einer Maschine, mußt du wissen, das geht, daß du denkst, sie bekommt die Finger mit dazwischen. Und singen kann sie, und auf der Balalaika spielt sie dazu, du wirst staunen! Wir sind sehr stolz auf sie, alle.«

Kyras Vater, der zuerst nicht weiter auf die Unterhaltung gehört hat, fragt:

»Wo habt ihr denn diese Allerweltslehrerin herbekommen?«

»Ach, Herr, sie ist eine Verbannte, weißt du, eine von den Unglücklichen, die nicht mehr nach Hause dürfen. Zuerst, als sie kam, war sie sehr krank, ich glaube vor Heimweh; nun, wer hätte das nicht! Aber jetzt will sie nicht mehr von uns weg.«

»Wieviel Jäger sind im Dorf, Freund?«

»Wieviel Jäger, Herr?« Ein verständnisloser Blick geht über den Tisch. »Wir jagen alle, wenn uns danach verlangt. Ich selbst gehe nicht mehr oft mit. Ich bin nicht mehr der Jüngste, Herr, du siehst es ja, aber auf die Elchjagd im Spätwinter zieht's mich schon hin und wieder. Aber siehst du, Herr, ich habe ein großes Feld, ich habe eine gute Herde, warum sollte ich jagen? Ich habe mir nie viel daraus gemacht.«

»Bist du der einzige Bauer?«

»Der einzige Bauer?« Ein nachsichtiges, kaum merkbares

Lächeln unter dem dichten rötlichen Bart. »Du weißt wenig von dem, wie es bei uns zugeht. Aber das macht nichts, ich sage es dir gern. Sieh, Herr, Weiden hat ein jeder von uns. Aber einige sind dabei, die haben so nach und nach von ihrem Acker immer ein Streifchen verkauft. Nun, wer will es ihnen verdenken! Es ist nicht für jeden das Richtige, Felder umzugraben und Körner hineinzustreuen.«

»Du hast dich wohl für diese Streifchen immer interessiert, Freund?«

»Du vermutest richtig, Herr, deshalb ist mein Acker größer als der aller anderen.«

»Sind Leute dabei, die überhaupt keinen haben?«

»O gewiß, Herr. Sie haben nur ihren Anteil an den Weiden, denn eine Kuh hat jeder hier, bis auf Wassiljew, den Krämer, Ignatjeff, den Polizisten, und unsere Lehrerin.«

»Und was machen die Leute, die keinen Acker haben? Von einer Kuh allein kann keiner leben!«

»Du sagst es, Herr. Sie sind Jäger oder Fischer oder beides. Aber du vergißt über all den Fragen das Essen, Herr, schmeckt dir die Suppe nicht?«

»Doch, doch«, beeilt sich der Forstbeamte die Sorgen seines Gastgebers zu zerstreuen, »nur du wirst verstehen, daß ich begierig bin, etwas über euch zu erfahren. Ich denke, daß es für mich notwendig sein wird, einen guten Jäger zu finden, der mich führt. In der ersten Zeit wenigstens. Ich hätte mich gefreut, wenn du es gewesen wärst, Freund.«

»Du machst mich betrübt, denn ich würde nicht der Richtige sein. Aber sei unbesorgt, ich werde den besten Mann für dich finden!«

»Du denkst an einen bestimmten?«

»Ja, Herr, aber warte einen Augenblick. – Marja, Frau! Wo bleiben die Hühnchen? Unsere Gäste müssen glauben, die Henne sitzt noch auf den Eiern, wenn es so lange dauert, bis du sie fertig hast. Der Herr und das Töchterchen sind hungrig, was sollen sie von uns denken? Trag auf, schnell, Marja! Sie werden nie mehr unser Haus betreten, wenn wir so schlecht für sie sorgen!«

Lächelnd kommt die rundliche Frau herbeigeeilt. Ihr Gesicht ist rot von der Hitze des Feuers.

»Halten zu Gnaden, Herr, halten zu Gnaden, es wollte nicht recht brennen, das Holz. Das Schneewasser vom Dach ist auf den Stapel getropft, und das schöne Holz ist naß geworden, und die Hühner sollten doch ...«

»Aber Marja!« Der Bürgermeister macht eine ungeduldige Handbewegung. »Langweile doch den Herrn nicht mit so etwas!«

»Um Vergebung!« murmelt die Frau mit niedergeschlagenen Augen.

»Laßt es gut sein, Freund«, sagt der Forstbeamte beschwichtigend, »an wen also denkst du, der mit mir gehen könnte? Wohnt er weit? Kannst du ihn rufen lassen?«

»Nahe wohnt er nicht, Herr. Er hat seine Hütte ein wenig abseits gebaut. Er will – wie soll ich es sagen, Herr – er möchte am liebsten für sich sein. Aber er ist der beste Jäger, den ich kenne. Es ist nicht gewiß, ob er daheim ist, wenn ich jemanden zu ihm schicke. Er ist meistens im Wald. Wenn es bis morgen Zeit hätte, Herr? Sein Sohn Nikolai kommt in die Schule. Man könnte ihn fragen. Dann brauchte niemand den weiten Weg umsonst zu machen.«

Warum die Eile, denkt der Bürgermeister, warum nur? Bei uns hat jeder Zeit. Warum soll einer durch den Schlamm zu Ibrahims Hütte stampfen und trifft ihn dann womöglich nicht an?

Um seinem Gast den Unwillen zu nehmen, beginnt er, die Vorzüge des Jägers zu schildern:

»Du könntest dich keinem bedenkenloser anvertrauen! Er kennt jeden Winkel in der Umgebung! Keiner schießt sicherer, keiner hat bessere Hunde, keiner soviel Glück wie er! Du kannst es mir glauben, Herr, keiner von unseren Jägern, die hier geboren sind, ist so tüchtig wie er!«

»Er ist also ein Fremder?«

»Ja, Herr, er ist auch einer von denen, die ausgeschickt wurden, die Birken zu zählen – wie die Lehrerin.«

»Mit denen scheint ihr ja Glück zu haben!«

»Das stimmt, Herr.«

»Wo kommt dieser – wie sagtest du?«

»Ibrahim Karalkan.«

»Ja, wo kommt er her?«

»Seine Heimat ist weit, Herr. Er stammt aus dem Süden, aus dem Kaukasus. Wenn wir von ihm sprechen, sagen wir immer nur ›der Kaukasier‹. Er soll, wenn es dich interessiert, wegen Blutrache verbannt worden sein. Solche kommen sonst lebenslänglich ins Bergwerk, du weißt es ja, Herr, aber bei ihm ist später offenbar geworden, daß er unschuldig verurteilt wurde. So heißt es. Man weiß nichts Bestimmtes, Herr, aber was geht es uns an! Er ist, solange er bei uns im Dorf lebt, immer rechtschaffen und fleißig gewesen. Selten, daß er sich einmal bei uns sehen läßt. Sein Sohn besorgt, was die Familie braucht. Warum sollten wir ihn nach der Vergangenheit fragen? Ist er nicht unglücklich genug? Die Jäger sind ihm nicht gut gesonnen, weil er mehr kann als sie alle zusammen und weil er nicht mit ihnen geht. Freilich, ein bißchen sonderbar ist er. Sieh, Herr, er mag das Wässerchen nicht, das gute, das wir alle gern haben.«

Der Forstbeamte hat dem Bericht des Bürgermeisters aufmerksam zugehört, und wie gebannt sieht auch Kyra ihn an. »Laß uns zu ihm fahren, Vater, ich will den Kaukasier sehen! Was sitzt du noch auf der Bank, Vater? Vorhin wolltest du, daß ihn gleich jemand holt, und nun . . .«

»Wir fahren, wenn ich es will, Kyra, verstehst du mich?«

Das Mädchen zieht ein beleidigtes Gesicht und läßt sich plumpsend auf die Bank fallen.

»Würdest du mit mir kommen, Freund?« wendet sich ihr Vater an den Bürgermeister.

»Gern, Herr.«

»Und wo liegt das Haus, das ich bewohnen werde?«

»Auf demselben Weg, Herr.«

»Dann laß die Pferde einspannen!«

Der Bürgermeister geht ins Vorhaus und ruft nach dem Kutscher.

Die leere Suppenschüssel auf den Knien, sitzt der Alte auf einem Baumstamm vor der Tür. Er ist gerade dabei, sich aus einem Stückchen Zeitungspapier und grobem Tabak eine Zigarette zu drehen.

»Die Pferde anspannen, sagst du, Brüderchen Bürgermeister? Warum denn nur? Die armen Schwälbchen! Da sind sie gebraust wie der Sturm über die Steppe, und nun sollen sie schon wieder vor den Tarantas! Ach, ich weiß nicht, was das ist mit den hohen Herrschaften. Diese Eile! Diese Eile!«

Mißmutig stellt er die Schüssel auf den Baumstamm, prüft umständlich, ob sie auch nicht herunterfallen kann und macht sich davon, die Pferde hinter dem Haus zu holen.

»Hier sollen wir wohnen?« fragt Kyra entrüstet, als das Gefährt auf einen Zuruf des Bürgermeisters anhält.

»Ja, Täubchen, aber wenn es dir nicht gefällt, kannst du wieder mit zu mir kommen. Wir werden uns sehr freuen, Marja, meine Frau, und ich.«

»Das ist kein Haus, das ist eine alte Hütte! Vater, warum sagst du nichts?«

»Weil sich daran im Augenblick nichts ändern läßt. Komm, spring ab und laß uns die ›alte Hütte‹ erst einmal besehen.«

Das Haus, aus groben Balken gebaut wie die anderen, sieht von innen freundlicher aus als von draußen. Der Bürgermeister hat es von seinen Leuten für den hohen Herrn aus Petersburg sauberscheuern lassen. Sogar die holprigen Steine, mit denen der Vorraum ausgelegt ist, sind dabei nicht vergessen worden, in den Ritzen steht noch das Wasser.

Als sie die filzbeschlagene Tür zum Wohnraum öffnen, blinkt ihnen vom Tisch ein frischgeputzter Samowar entgegen, und auf den Bänken rings um die Wände liegen Filzstücke. In der Mitte des Raumes hängt eine uralte Petroleumlampe. Auch der Ofen ist sauber, aber ohne Decken, die Fensterscheiben sind blind, und nur die Umrisse sind von dem zu sehen, was auf der Straße vorbeigeht.

Der Forstbeamte und seine Tochter Kyra stehen da und sehen sich an.

»Ist das alles?« fragt Kyra.

»Es sieht so aus!«

»Aber nein, Herr, nebenan ist noch die Badestube, und oben ist auch noch ein kleines Stübchen. Aber das Dach, Herr, es hält nicht mehr dicht. Erst müßte das Dach ausgebessert . . .«

»Jaja, es ist gut. Sage mir, was ich dir für die Filzstücke bezahlen muß. Sie sind neu, und sicher hast du sie hinlegen lassen.«

»Aber, Herr! Bitte kränke mich nicht! Wenn du nur gut auf ihnen schläfst und das Töchterchen auch!«

»Das Töchterchen will ein Bett, Onkelchen!« baut sich Kyra plötzlich vor dem Bürgermeister auf, »so ein Bett wie in Petersburg. Ich habe es satt, immer auf diesen Pritschen zu schlafen!«

»Aber bei uns hat niemand ein Bett, Täubchen, ich weiß nicht, woher ich dir ein Bett beschaffen soll.«

»Ist auch nicht nötig!« fährt der Vater dazwischen.

Kyra stampft eigensinnig mit dem Fuß.

»Ist es doch!«

»Ach, Seelchen, mach kein betrübtes Gesicht. Ich werde dir Felle bringen lassen, soviel ich habe. Du wirst weicher schlafen als in deinem Bett in Petersburg!«

Halb umgestimmt sieht Kyra den Bürgermeister an.

»Na gut«, sagt sie, »fürs erste bin ich einverstanden. – Und jetzt will ich zum Kaukasier!«

Holpernd rattert der Wagen durchs Dorf. Aus jedem Haus sehen ihm viele Augenpaare nach: neugierige, spöttische, böse und gleichgültige. Sie versuchen, von dem Gesicht des Mannes, der neben dem Bürgermeister sitzt, soviel wie möglich zu erhaschen. Aber der Wagen fährt rasch, und die Leute behalten viel mehr den Mädchenkopf in Erinnerung, der sich nach allen Seiten dreht, daß die hellbraunen Locken nur so fliegen.

»Ein Engelsgesicht!« sagen sie, »fein und zart wie die ersten Maßliebchenblüten! So ein Kind hat er mitgebracht, der – der nur kommt, um uns das Leben schwerzumachen!«

Zu beiden Seiten des Wiesenweges stehen weißleuchtende Bir-

ken, deren dunkles Kronengeäst der Frühling mit hauchdünnen, goldgrünen Schleiern umsponnen hat. Mit dem Kiefernwald kommt auch ein Haus in Sicht, das nicht anders aussieht, als die russischen Häuser im Dorf. Kyra ist schon ein bißchen enttäuscht. Das Wort Kaukasier hatte in ihr dunkle Vorstellungen von Ungewöhnlichem geweckt.

Als der Wagen noch näher an das Haus herangefahren ist, erkennen sie einen Mann, der am Boden kniet und mit einer Axt zuschlägt. Manchmal springen helle Späne auf. Ein einziges Mal hebt er seinen Kopf, um zu sehen, was für ein Wagen kommt, dann arbeitet er weiter.

Erst als die Pferde dicht neben ihm stehen, richtet er sich auf. Er legt die Axt beiseite, wischt die Hände an seinem leuchtendblauen Kittel ab und geht zu dem Tarantas.

»Grüß Gott, Freund!« sagt der Bürgermeister und streckt die Hand aus.

»Grüß Gott!« antwortet Ibrahim Karalkan. »Was gibt es, daß du dir den weiten Weg bis zu meinem Hause machen mußt?«

Während er spricht, starrt ihm Kyra voller Spannung ins Gesicht. Das ist also der Kaukasier, denkt sie. Er muß stark sein wie ein Bär; so wie er da steht, könnte man denken, er brächte es fertig, ohne Mühe den Tarantas umzuwerfen mitsamt den Pferden und uns dazu.

»Ich komme nicht meinetwegen, Ibrahim. Dieser Herr hier, es ist Kyrill Maximowitsch, der Forstbeamte von der Regierung, möchte dich etwas fragen, weißt du?«

»Mich etwas fragen?«

»Ja, Ibrahim, ich möchte dich fragen – nun, was heißt fragen, ich möchte, daß du mich in der ersten Zeit ins Revier begleitest. Unser Freund Bürgermeister hat mir gesagt, daß ich keinen besseren Begleiter finden könnte als dich.«

Ibrahim Karalkan tritt einen Schritt zurück, so als ob er sich dadurch ein genaueres Bild von dem Manne machen könnte, der ihn angesprochen hat. Dem Bürgermeister wird es ungemütlich. Er hat nichts anderes erwartet, als daß er sofort ein bereitwilliges Ja zu hören bekommt.

»Es ist eine große Ehre, Ibrahim, bedenke es. Der Forstbeamte kommt den weiten Weg zu dir. Er wird es nicht umsonst wollen, nicht wahr, Herr?« sagt der Bürgermeister, denn er glaubt den Grund gefunden zu haben, weshalb der Kaukasier noch nicht einwilligt.

»Natürlich nicht«, nickt der Forstbeamte.

Ibrahim Karalkan streicht sich das blonde Haar fest an den Kopf.

So sehen Kaukasier aus, die wegen Blutrache nach Sibirien verbannt werden? denkt Kyra. Ich habe gedacht, er wird pechschwarze Haare haben und einen pechschwarzen Bart, der so dicht ist, daß man kaum etwas vom Gesicht sieht. Und er wird uns mit pechschwarzen Augen angucken, und wenn er ja sagt, wird er auf die Knie fallen und den Biberfellbesatz von Vaters Pelz küssen – und wenn er nein sagt, wird er einen silbernen Dolch aus dem Gürtel reißen und sagen: ›Macht, daß ihr fortkommt, sonst springe ich euch an die Kehle!‹ Statt dessen steht er da, hoch aufgerichtet, stolz wie der Zar selber, und starrt den Vater an. Und das soll ein Verbannter sein?

»Na, was ist? Was gibt es lange zu besinnen, Ibrahim?« sagt der Bürgermeister ungeduldig. Und als Kyra ihrem Vater ins Gesicht sieht, bemerkt sie, wie die Adern an seiner Stirn hervortreten.

»Ich werde dich nicht begleiten, Herr«, sagt Nikolais Vater ohne jede Erregung, »und ich will auch nicht bezahlt werden, denn dann wäre ich nicht mehr frei. Es gibt noch mehr Jäger im Dorf.«

Das ist gesprochen, ohne die Augen ein einziges Mal niederzuschlagen, ohne Unsicherheit. Es ist ebenso stolz gesprochen, wie Ibrahim Karalkan dasteht.

Vielleicht ist es gerade diese Haltung, die den Forstbeamten derart herausfordert, daß er aufspringt und schreit:

»Du wirst mit mir gehen, verstanden?«

»Verstanden ja, aber ich tue es nicht!«

Wie ein Faustschlag trifft diese Antwort den Forstbeamten. Ein Verbannter sagt mir das! Die erste Schwierigkeit in Sibirien macht mir ein Verbannter!

Mit zusammengekniffenen Augen entreißt er dem Kutscher die Peitsche – holt aus – – –

»Vater!«

Kyras Schrei bringt ihn zur Besinnung. Und noch einmal, während er den Arm sinken läßt, hört er den entsetzten Ruf: »Vater!«

Aber diesmal ist es nicht Kyra, sondern ein Junge, der aus der Haustür gestürzt kommt. Mit weit aufgerissenen Augen starrt er den Forstbeamten an. Seine Lippen bewegen sich, aber es kommt kein Ton aus seinem Mund.

Kyrill Maximowitsch sieht einen Augenblick zu ihm hin, dann läßt er sich in den Tarantas fallen und schreit:

»Fahren!«

Der Junge bückt sich nach der Peitsche, die der Forstbeamte hat fallen lassen, reicht sie dem Kutscher hinauf und zieht seinen Vater am Hemdsärmel zurück, damit die Pferde wenden können.

Als der Platz vor dem Hause leer ist, steht Nikolai noch immer wie angewurzelt da und sieht dem Tarantas nach. »Ich will weitermachen, Nikolai, komm, laß mich los!« Der Vater kniet sich nieder neben das roh ausgehauene Boot.

Nikolai sieht ihm zu. Aber in seinem Innern ist er voller Aufregung. Der Fremde wollte den Vater schlagen! Mit der Peitsche ins Gesicht schlagen, weil der Vater nicht in seinen Dienst treten mochte. Nikolai hatte das Gespräch hinter der Haustür mit angehört. Und wenn der Mann den Vater geschlagen hätte? Was wäre dann geschehen?

»Wenn er dich geschlagen hätte, Vater, was würdest du mit ihm gemacht haben? Du hättest es dir doch nicht gefallen lassen, Vater?«

»Vergiß, was du gesehen hast, Kolja. Komm, setz dich dort auf das andere Ende, das Boot wippt immer in die Höhe, wenn ich hier draufschlage.«

»Ja, Vater.« Und Nikolai setzt sich, als wolle er mit dem Boot davonreiten.

Als Nikolai nach der Abendmahlzeit auf dem Ofen liegt, hört er noch immer die Axtschläge von draußen. Es ist fast finster, denkt er, und der Vater arbeitet noch. Er weiß, daß die Mutter vor dem Haus sitzt und dem Vater zusieht. Sie sprechen nicht. Nur einmal, als das schürfende Geräusch aussetzt, das zu hören ist, wenn der Vater mit der Axt die Bootswände glatt kratzt, fragt die Mutter:

»Wohin wirst du fahren?«

»Ich weiß es noch nicht.«

»Und wie lange wirst du bleiben?«

»Auch das weiß ich noch nicht.«

»Aber es wird lange sein?«

»Warum fragst du so besorgt, Tamara? Du hast doch Nikolai!«

»Kolja ist noch ein Junge!«

»Es ist das beste, wenn ich fahre.«

»Ja, Ibrahim.«

In der neubezogenen Stube riecht es noch immer nach der längst verlöschten Petroleumfunzel.

»Schläfst du schon, Vater?« fragt Kyra in die Dunkelheit.

»Nein.«

»Denkst du auch nach, Vater?«

»Ja.«

»Auch über heute nachmittag?«

»Sei still!«

»Warum? Wenn es dunkel um einen ist, kann man über alles sprechen. Man muß es doch loswerden, Vater!«

»Du mit deinem neunmalklugen Gerede! Schlaf lieber!«

»Tut es dir leid, Vater?«

»Nein!«

»Schade. Hast du den Jungen gesehen?« Keine Antwort.

»Hast du gesehen, wie sehr er Angst hatte? Genau wie ich. Er hat seinen Vater sicher sehr lieb – wie ich dich.«

»Seelchen!«

Sie liegen so auf der breiten Eckbank, daß ihre Köpfe im Winkel fast zusammenkommen. Kyra fühlt, wie die Hand ihres Vaters auf der Bank herumtastet. Sie rückt ein Stückchen höher, damit er ihren Kopf findet, dann faßt sie selbst zu und legt ihr Gesicht auf Vaters Hand.

»Heute, als wir ankamen, war ich glücklich, Väterchen, aber jetzt habe ich Angst. Um dich habe ich Angst. Sie kennen dich hier ja nicht. Sie wissen nicht, daß du es gar nicht so meinst. Bitte, laß mich immer mit dir gehen, bitte, Vater! Ich werde sterben vor Angst, wenn du allein fortgehst!«

»Hätte ich dich mit hierher genommen, wenn ich dich allein lassen wollte?«

»An wen hast du vorhin geschrieben, Vater?«

»An den Gouverneur in Tobolsk.«

»Oh, Vater, warum? Muß es denn ausgerechnet dieser Kaukasier sein? Warum nimmst du nicht einen anderen?«

»Weil ich ihnen allen von vornherein zeigen will, mit wem sie es zu tun haben. Würde ich jetzt nachgeben, glaubten sie, ich wäre ein Muschik*, und keiner würde sich nach meinen Anordnungen richten. Aber davon verstehst du nichts. Und jetzt wird geschlafen!«

* Russischer Bauer.

»Na gut.«

Kyrill Maximowitsch hört an dem Ton, mit dem seine Tochter »Na gut« sagt, und an der unwirschen Bewegung, mit der sie sich auf die Seite wirft, wie unzufrieden sie mit ihm ist.

Befehl aus Tobolsk

Am Sonntag nach dem Gottesdienst biegen die Männer wie verabredet auf den schmalen Weg, der an Wassiljews Gartenzaun entlangführt. Das ist zwar wie an jedem Sonntag, aber heut sind es besonders viele, und es liegt eine merkwürdige Spannung auf ihren Gesichtern.

Wassiljew hat schon Kisten vor die Tür gestellt, denn alle haben sie nicht in seinem Laden Platz. Aber sie drängen hinein, auch wenn sie stehen müssen. Während Wassiljew einem nach dem anderen die Flaschen reicht, die er schon am Abend vorher abgefüllt hat, zünden sie ihre Pfeifen an und drehen sich Zigaretten. Bald kommt zu dem Kramladenduft der beizende Gestank des billigen Tabaks, des gewöhnlichen Schnapses und der muffige Geruch der dicken, lange getragenen Pelze.

»Ein Wetterchen schickt uns der liebe Gott!« sagt einer, »ein Wetterchen, mit dem man zufrieden sein kann!« Er schiebt die runde Schafspelzmütze weit aus der Stirn. »Nastarowje, Freunde! Meine Kehle ist rauh, ich will sie ölen!«

»Nastarowje!« geben ihm die anderen Bescheid, und es gluckert durch die Flaschenhälse.

»Tja«, sagt Wassiljew, und er weiß, daß er damit dem Gespräch eine bestimmte Richtung gibt, »ihr könnt bald auf die Felder, wie gut, wie gut.«

Auch der Dümmste, der Schlafmützigste weiß, was er meint. »Halt dein Maul, Krämer! Du denkst wohl, dafür, daß wir unser Geld hier lassen, kannst du dich noch über uns lustig machen!« Hochrot im Gesicht starrt der vierschrötige Mann zu Wassiljew hinüber.

»Pawel, Brüderchen, wie kannst du so etwas von mir denken!« tut Wassiljew entrüstet, »aber nach allem, was uns der Herr heute nach dem Gottesdienst erzählt hat, muß ich euch doch gutes Wetter wünschen.«

»Wenn du noch ein Wort vom Wetter sagst, fliegt dir die Flasche an den Schädel!« brüllt Pawel los.

Die andern im Laden sehen gespannt von Wassiljew zu Pawel und wieder zum Krämer.

»Was regst du dich auf?« stößt ein Alter mit krummem Rücken und zittrigen Händen den Pawel mit einem Haselstecken in die Seite. »Der da hat recht!« Er zeigt zu Wassiljew. »Drei

Jahre keinen Zobel mehr jagen, in unserem Gebiet zwei Jahre keine Rehe mehr, keine Elchkuh um diese Zeit, keine Hirschkuh, keine Renkuh! Keinen Wald mehr anzünden auf Jahre hinaus! Ja, was soll denn da werden aus uns? Wir müssen auf die Felder, Söhnchen, sonst nichts!«

»Wir müssen!« Pawel verzieht voller Spott das Gesicht. »Du vielleicht. Ich nicht, Großväterchen! Ich habe fünf Söhne, und jeder will sein Land. Wenn ich den Acker aufteile für sechs Familien – hahaha! Dann hat jeder zuviel zum Sterben und zuwenig zum Leben. Und wie mir, so geht es doch vielen von euch, oder nicht?«

»Pawel hat recht!« sagt einer.

»Ja, so ist es, wie Pawel sagt!« meint ein anderer.

Und dann werden es noch mehr, die so sprechen – und zuletzt sind es alle.

»Aber was soll werden?« fragen sie auch. »Der Forstbeamte hat doch gesagt, daß jeder, der sich nicht an seine Anordnungen hält, ins Gefängnis kommt.«

»Das Großmaul! Ins Gefängnis kommt nur der, dem man beweisen kann, daß er gegen die Verordnung gehandelt hat. Mir wird er nichts beweisen, der da!«

»Ja, das ist es, laßt ihn doch anordnen!« sagt Maxim, »wenn es ihm Spaß macht, laßt ihn ruhig! Wir machen doch, was wir wollen. Da wird er beizeiten die Lust verlieren!«

Und Sergej:

»Brüderchen, er hat gesagt: das Wild muß geschont werden, früher hätt' es viel mehr gegeben, und wenn wir so weitermachen mit unserem Abschlachten, gibt es in zehn Jahren überhaupt kein Stück Wild mehr. Ich frage euch, Brüder, was ist das für ein Unsinn? Warum sollen wir uns darum kümmern, was in zehn Jahren ist? Wir brauchen Fleisch und Pelze jetzt! Und das Wild hat der liebe Gott geschaffen, daß man es schießt. Wo sollten wir hinkommen, wenn wir immer darüber nachdenken würden, was in zehn Jahren ist? Ach, Brüderchen, da tät uns bald der Kopf weh ... nein, nein, was der Herr aus Petersburg für einen Unsinn redet! Nastarowje!«

Noch mehr als vorhin Pawel, stimmen sie jetzt Sergej zu.

»Ja ja, das ist richtig!« sagen sie, und der Wodka, den sie sich immer heftiger durch die Gurgeln schütten, läßt ihre Sinne alles übersteigert sehen.

»Keine Fallen!« grölt Andrej los, »wir dürfen nicht mehr mit Fallen jagen! Hat dem Herrn denn die Frühlingssonne geschadet?

Was denkt er, woher wir das Geld für die Patronen nehmen sollen?«

So bringt jeder noch etwas vor, was ihm an der Rede, die der Forstbeamte nach der Kirche gehalten hat, besonders aufgefallen ist. Nur Pawel Iljitsch ist still geworden. Er sieht über alle hinweg. Er sieht ihre Gesichter nicht mehr. Er weiß, wie jeder von ihnen aussieht, wenn ihm das Wässerchen das Blut durch die Adern jagt. Rot, aufgedunsen die Gesichter, verschwommen, glänzend die Augen, wirr die grauen, roten, braunen Haare in den schweißnassen Stirnen. Pawel Iljitsch muß aufstoßen. Der Geschmack im Munde ist sauer und faulig. Er spuckt aus. Die wulstigen Lippen werden dünn, so preßt er sie zusammen. Das rechte Auge, mit dem er schielt wie ein Frosch, wird vom Lid fast bedeckt. An den Schläfen klopfen die Adern. Die Schwätzer, denkt er, ich bin neugierig, wie viele übers Jahr noch zu ihrem Gerede stehen und wie viele schon zu Kreuze gekrochen sind.

Er kann sie nicht mehr sehen! In langen Zügen trinkt er den Rest aus der Flasche und drängt sich an den Ladentisch. Während er in seinem Pelz nach dem Geldstück sucht, gehen seine Augen über den Drilling, der Wassiljew gehört und der nur dahängt, um die andern zu reizen. Pawels Augen werden starr vor Begierde. Er hört nicht, wie einer sagt: »Ich werde dem hohen Herrn einen Haufen vor die Tür machen und dann alle Heiligen bitten, daß er ausrutscht und mit dem Gesicht reinklatscht!« Erst das dröhnende Lachen läßt Pawel zusammenfahren. Sie rollen schon auf dem Fußboden, sie umarmen sich.

Pawel erträgt ihren Anblick nicht mehr und stürzt zur Tür hinaus. Die Wut verzerrt sein häßliches Gesicht zur Fratze.

Als sich der Polizist auf den Weg zu dem Haus des Kaukasiers gemacht hat, liest der Forstbeamte noch einmal den Brief, den ihm der Gouverneur geschrieben hat. Kyra beobachtet den Vater. Er hat noch kein Wort zu ihr gesagt. Was mag in dem Brief stehen?

Unterdessen liest Kyrill Maximowitsch folgendes:

Es tut mir leid, daß Ihnen gleich bei Ihrer Ankunft in Baltschara so viel Schwierigkeiten entstanden sind. Ich habe es allerdings nicht anders erwartet und hatte Sie bei Ihrem Aufenthalt in meinem Hause darauf vorbereitet. So sehr ich wünsche, daß dem Wild und dem Wald eine Schonung widerfährt, so viel Sorgen mache ich mir um Sie und Ihr Töchterchen. Wäre es nicht besser gewesen, Sie hätten Ihre Arbeiten von Tobolsk

aus geleitet? Sie wären dann immer nur für eine Zeit dort geblieben, wo es Ihnen notwendig erschiene.
Selbstverständlich erhalten Sie von mir für Ihre Arbeit jede Unterstützung.
Meine Anordnung, daß der Verbannte Ibrahim Karalkan zu Ihrer Verfügung zu stehen hat, lege ich diesem Brief bei. Bedenken Sie aber trotzdem noch einmal meinen Vorschlag, lieber Freund . . .

»Aus diesem Vorschlag wird nichts werden!« sagt Kyrill Maximowitsch laut.

»Woraus wird nichts werden?« fragt Kyra sofort, als sie sieht, daß der Vater den Brief auf den Tisch legt.

Er geht nicht auf sie ein. Er sagt:

»Wie kann es etwas werden, wenn man in Tobolsk bleibt! Da hätte ich doch ebensogut alles von Petersburg aus regeln können!«

»Natürlich, Väterchen, du hast ganz recht.«

»Ach, was weißt du denn von allem!« Kyrill Maximowitsch ist ungehalten.

»Du hast doch schon in Tobolsk gesagt, der Gouverneur sei ein Esel. Heimlich, nur zu mir.«

»So? Na, ja. Aber in einem hat er recht: dich hätte ich doch in seinem Hause lassen sollen. Du wirst mir nur im Wege sein!«

In Kyras Augen stehen Tränen. Sie dreht sich heftig um und geht aus der Tür.

»Kyra! Seelchen! Täubchen!« ruft der Vater hinter ihr her.

Natürlich hört sie es. Aber sie kommt nicht mehr zurück.

Der Polizist quetscht den Gruß zwischen den Lippen hervor. Es hört sich kaum noch danach an, was er da murmelt, als er in Ibrahim Karalkans Haus tritt. Die Mutter erschrickt, als sie sich aufrichtet und erkennt, wer gekommen ist.

»Oh, du bist es, Ignatjeff! Komm in die Stube, du wirst müde sein vom Weg«, sagt sie freundlich, als sie sich gefaßt hat.

»Ich will deinen Mann sprechen, Tamara. Ich habe ihm einen Befehl vom Gouverneur zu bringen. Wo ist Ibrahim?«

»Er ist nicht zu Hause. Schon seit vier Tagen ist er fort.«

»So. Dann ist er also ausgerückt?«

»Ausgerückt? Warum sollte er ausrücken? Er ist doch ein Jäger. Ein Jäger ist immer unterwegs.«

»Stell dich nicht dumm, Tamara! Ich weiß genau, warum er

fort ist. Aber das war nicht klug von ihm. Ich muß ihn nämlich zum Forstbeamten bringen. Wenn ein Verbannter ausrückt, dann weißt du doch wohl, was die Folge ist, nicht wahr? Dann hält man sich an seine Familie, bis er selbst kommt! Solange dein Mann nicht da ist, wirst du also ins Arresthaus gehen, Tamara, du und Nikolai!«

Tamara Karalkana wird blaß. Ihre dunklen Augen sehen Ignatjeff groß an. Langsam senkt sie den Blick.

»Ja, Ignatjeff.«

Sie beißt sich auf die Lippen, um ihm nicht zu zeigen, wie sehr sie erschrocken ist. Sie sucht einen Ausweg.

»Vielleicht ist Ibrahim morgen schon wieder hier, Ignatjeff. Dann brauchte ich doch nicht erst . . .«

»Um so besser für dich und Nikolai!« schneidet Ignatjeff ihr das Wort ab. »Wo ist das Söhnchen?«

Ein Blick in das glatte, unversöhnliche Gesicht des Polizisten, der sich überlegen den brandroten Bart streicht, sagt Tamara, daß es keinen Ausweg gibt.

»Hier bin ich, Pan Ignatjeff«, sagt Nikolai.

Der Polizist dreht sich um.

»Ah, das Söhnchen hat gehorcht!«

»Nein, das brauche ich nicht. Die Tür stand weit genug offen. Du hast eine Stimme, die man gut versteht.«

Einen Augenblick ist Ignatjeff verblüfft. Dann denkt er: sie sind einer wie der andere, diese drei. Nur nicht zu Kreuze kriechen! Mit der Nagaika* sollte man ihnen kommen.

»Ob gehorcht oder nicht«, sagt Ignatjeff noch lauter, »du weißt jedenfalls Bescheid!«

Nikolai sieht an ihm vorbei auf die Mutter.

»Ja, Bescheid weiß ich, aber was nützt es dem Forstbeamten, wenn wir beide im Arresthaus sind? Er braucht den Vater, und der Vater wird nur kommen, wenn er es weiß. – Laß mich zu ihm fahren.«

»Du weißt also, wo dein Vater ist?«

Nikolai zögert. Dann sagt er:

»Ja. Wenigstens ungefähr.«

Ignatjeff sieht ein, daß Nikolai recht hat. Er überlegt.

»Und wer bürgt mir dafür, daß du nicht auch verschwindest?«

Nikolai verbeißt die Verachtung. Er kann den Polizisten nicht ansehen, so ekelt er ihn an.

* Kosakenpeitsche.

»Glaubst du, wir ließen das Mütterchen im Stich?« sagt er leise.

Das nimmt der Polizist als reuige Bitte auf. Aber noch zögert er.

»Ich könnte den Forstbeamten selbst um Erlaubnis bitten, Pan Ignatjeff«, sagt Nikolai.

Der Polizist rafft sich auf.

»Gut, ich erlaube dir zu fahren. Je eher du den Vater bringst, desto besser.«

Nikolai und die Mutter wechseln einen Blick. Dann holt Tamara Karalkana ein Tuch, schlingt es fest um die Schultern, küßt Nikolai auf Backen und Mund und geht vor Ignatjeff aus der Haustür.

Nikolai wirft ihnen einen einzigen Blick nach. Er sieht nur noch den breiten Rücken des Polizisten und wie er in der Hand die Nagaika schlenkert. Nikolai fährt zurück, er ballt die Fäuste und schlägt die Stirn an den Türrahmen, daß es schmerzt.

»Mütterchen, Mütterchen«, flüstert er. Dann besinnt er sich, rast in den Schuppen, zerrt das alte Boot heraus, wirft ein Stück Brot, ein Säckchen Zucker und Tee hinein, verriegelt die Tür und zieht zum Fluß hinunter.

Kyra ist allein in der Stube, als sie auf der Dorfstraße den Polizisten mit einer Frau kommen sieht. Kyra weiß nicht, wer die Frau ist, aber sie ahnt es, denn Ignatjeff kommt von dem Kaukasier. Ungeduldig wartet sie auf den Vater. Als der nach einer Zeit vom Bürgermeister zurückkommt, platzt sie heraus:

»Den Kaukasier hat der Polizist anscheinend nicht gefunden, Väterchen, aber er ging mit einer Frau ins Arresthaus. Was soll das?«

»Er kam mit einer Frau?« Betroffen steht Kyrill Maximowitsch vor seiner Tochter. »Der Polizist ist wohl nicht mehr richtig im Kopf!«

»Meinst du, daß es die Frau des Kaukasiers ist?«

»Wer sonst? Er sperrt sie ein, bis ihr Mann sich meldet.«

»Du mußt sie wieder heimgehen lassen, Väterchen, sie hat doch nichts verbrochen!«

»Natürlich kann sie wieder heim.« Er macht auf dem Absatz kehrt und geht mit großen Schritten aus dem Haus.

Michail Iwanowitsch* fängt Mäuse

Der Frühling ist schnellfüßig in Sibirien. Wie ein flüchtiges Reh hinterläßt er nur schmale Spuren. Er huscht dahin, in beständiger Angst vor dem Winter. Der Sommer aber kommt mit einer prächtigen Troika gefahren. Wo die starken Rosse dahintraben, schüttet er mit vollen Händen Blumen auf die Wiesen: rosa Maßliebchen, gelbe Maiblumen und blauäugige Vergißmeinnicht.

Nikolai sieht nichts von der sommerlichen Pracht. Seine Ruder schlagen immer im gleichen Takt. Weiter – weiter – weiter –

Der Fluß hat sich müde getobt. Nun ist ihm das alte Bett wieder gut genug. An den tiefsten Sträuchern wehen graue und braune Grasbärte, die er ihnen in seinem brausenden Übermut angehängt hat. An den Flußrändern stehen aber auch die duftenden Veilchen, und die Weiden prangen im leuchtenden Gold ihrer prallen Kätzchen.

Nikolai sieht nichts. Ich muß ihn finden – ich muß! Ein Befehl vom Gouverneur und der Vater nicht da und die Mutter im Arresthaus. Die Mutter, die gar nichts dafür kann. – Ich muß Lewin treffen! Lewin wird wissen, wohin der Vater ist. Aber wenn sie zusammen fortgezogen sind?

Schneller – schneller schlagen die Ruder.

Als Nikolai nach halbtägiger Fahrt auf Lewins Hütte zugeht, kläffen ihm die Hunde entgegen. Dann muß er zu Hause sein, frohlockt Nikolai, und es überkommt ihn eine große Erleichterung.

Er will gerade die Haustür öffnen, als er Lewin ein wenig abseits stehen sieht, halb von einem Haselstrauch verdeckt. Lewin schnalzt ein paarmal und ruft den Hunden etwas zu, und danach:

»He, Nikolai, was willst du hier?«

»Wo ist der Vater, Lewin?« Nikolai ist mit ein paar Sprüngen bei ihm.

»Der Vater ist fort, gleich nachdem er ankam. Es traf sich gerade so, daß der Maulwurf aus dem Ural wieder einmal zu Hause hereinsah. Er hat deinem Vater von den vielen Elchen im Ural erzählt. – Werden schöne magere Ziegen sein. Was versteht schon so einer wie mein Jakow von Elchen!«

»In den Ural ist mein Vater gezogen? Um Himmels willen!«

»Was ist das schon! Er wollte doch fort, möglichst weit. Ah,

* Name für den Bären bei den Sibiriern.

laß ihn, er ist bald wieder hier. Komm, Söhnchen, du kommst mir gerade recht. Dreh den Schleifstein, es geht besser zu zweien.«

Lewin hat ein starkes, rostiges Messer in der Hand, das er gegen den runden Stein hält, der in einer hölzernen Pfanne hängt. Nikolai faßt widerwillig nach der Kurbel.

»Aber ich muß zum Vater!« sagt er und beginnt zu drehen, »der Polizist hat einen Befehl vom Gouverneur, daß der Vater mit dem Forstbeamten gehen muß. Und weil der Vater nicht da ist, hat Ignatjeff die Mutter ins Arresthaus gesteckt.«

Lewin zieht augenblicklich das Messer zurück.

»Der Polizist? Der Gouverneur? Deine Mutter im Arresthaus? Rede keinen Unsinn, Nikolai!« Lewin steht die Angst im Gesicht.

»Was denkst du, warum ich dem Vater sonst nachlaufe?«

»Ja, schon, aber wie willst du ihn einholen? Er ist seit drei Tagen fort.«

»Weißt du den Weg, Lewin?«

»Sie haben es besprochen, mein Jakow und dein Vater, aber . . .«

»Kannst du mit mir kommen, Lewin? Er muß zurück! Wie lange soll das Mütterchen im Arresthaus sitzen?«

Einen Augenblick zögert der Ostjake, dann sagt er:

»Ich werde sehen, was Kukla* sagt.«

»Wann wirst du es sehen?« fragt Nikolai ungeduldig.

»Man darf Kukla nicht drängen.«

»Warum mußt du erst Kukla fragen? Ist mein Vater nicht dein Freund?«

»Ja, das schon«, sagt der Alte gedehnt, »aber wenn es mit einem Polizisten zu tun hat . . . Kukla wird sprechen!« Damit legt Lewin das lange Messer auf die Holzpfanne und geht in seine schmutzige Hütte. Nikolai folgt ihm auf den Fersen. Ein wenig ist seine Unruhe von der Neugier verdrängt. Denn Lewin ist Heide, auch wenn ihm manchmal christliche Redensarten von der Zunge kollern, die er von den Russen gehört hat.

Lewins Frau liegt auf einem Fell und schnarcht laut, als sie eintreten. Der Ostjake geht zum Feuer, entfacht es mit ein paar Scheiten und legt einen Stein darauf, der sich in der hellen Glut bald erhitzt. Als er Lewin heiß genug erscheint, gießt er aus einem Tonkrug Wasser darüber. Es zischt laut und Dampf steigt

* Ostjakischer Hausgott.

in die Höhe. Darin schwenkt Lewin ein Bündel Lumpen, hin und her – hin und her. Mit geschlossenen Augen und ganz in sich versunken murmelt er dabei vor sich hin.

Nikolai weiß, daß es nicht nur Lumpen sind, was Lewin in den Händen hält. Aber den kleinen Götzen, den er darin verbirgt, würde er keinem Fremden zeigen. So sehr sich Nikolai auch den Kopf verrenkt, er kann nichts erkennen. Nur einmal ist es ihm, als ob er etwas hätte blinken sehen. Vielleicht ist Kulka aus Bronze, denkt er. Die Lehrerin hat doch gesagt, daß die kleinen Hausgötter der Ostjaken meistens aus Bronze sind oder aus Mammut-Elfenbein. Wenn man den Irtysch hinabfährt, bis dahin, wo er in den Ob fließt, wo die Tundra beginnt, kann man die Stoßzähne der Mammuts finden. In den Mooren liegen sie. Früher hat man sie auch in der Taiga gefunden, und davon haben die Ostjaken ihre Götter geschnitzt. Denn alle Kuklas sind alt – sehr alt. So hat die Lehrerin gesagt.

Nikolai sieht, während ihn diese Gedanken beschäftigen, zu Lewin hinüber. Immer noch murmelt der Alte seine Beschwörung. Endlich dreht er sich um.

»Wir werden deinen Vater holen«, sagt er. »Kukla hat gesprochen, wir werden ihn finden!«

Nikolai springt auf.

»Komm, wir fahren, Lewin! Oder müssen wir laufen?«

»Ein Stück fahren wir noch. Aber ehe wir aufbrechen, hilfst du mir noch das Messer schleifen. Ich will unterwegs einen Schlitzbaum aufstellen.«

»Aber Lewin, das hält uns doch auf, wir könnten doch . . .«

»Tu, was ich dir sage!«

Die Sonne vergoldet die Fichtenspitzen, als sie endlich abfahren. Lautlos gleitet das schmale Boot voran. Das versteht Lewin ausgezeichnet, wie alle Jäger aus der Taiga. Dadurch schrecken sie weder Birkhühner noch Enten auf. Es raschelt im Schilf. Schnepfen streichen über den Fluß und fallen ins Gebüsch. Unter den Uferrändern quarren die Frösche.

Als die Dunkelheit tief geworden ist, knirscht der Kahn in den Sand. Sie ziehen ihn vollends aufs Trockene, und Lewin geht vor Nikolai her zu einer Jagdhütte, wie sie hier an allen Flußläufen liegen, immer eine Tagesreise voneinander entfernt. Diese Hütte ist dem Einfallen nahe, aber es ist ein Dach für die Nacht. Über der Feuerstelle tastet Lewin nach Streichhölzern, und im Aufflammen sieht Nikolai ein Häufchen Holz neben dem Ofen liegen. Er hört Lewin die Asche beiseite kratzen, und bald darauf knistert es.

»Leg nach, wenn es soweit ist!« sagt Lewin und klappert mit dem Kessel davon.

Im zuckenden Licht sucht Nikolai den Tee und das Brot aus dem Rucksack, und als Lewin zurückkommt und der Kessel über den Flammen schaukelt, hocken sie sich auf die Bank, kauen ihr Brot und warten darauf, das heiße Getränk zu bekommen. –

Kaum daß sich der nächste Tag mit dem ersten grauen Licht ankündigt, sind sie wieder auf den Beinen. Sie brechen ein paar dürre Äste, hacken sie klein und schichten sie neben den Herd für diejenigen, die nach ihnen Schutz in der Hütte suchen werden. Dann schieben sie das Boot in den Fluß.

Niederwald zu beiden Seiten wechselt mit blühenden Wiesen und schlanken Birken. Dann wieder knospende Brombeersträucher und Himbeerhecken, die sich um herrlichen, uralten Hochwald ziehen. Auf einer Lichtung die Hütten einer winzigen Ansiedlung. Verschlafenes Hundegebell klingt zu ihnen herüber. Nicht weit von den Häusern dösende Kühe und ein paar Pferde, die wiehernd vor Lebenslust davongaloppieren. Und wieder Niederwald und danach eine weite Heidefläche, die in einen riesigen Morast übergeht. Nikolais Augen suchen nach einem grünen Fleckchen in der braunen unübersehbaren Trostlosigkeit. Er findet es nicht. Nur schwarze verkohlte Baumstämme sieht er, dicht durcheinandergeworfen, wohin sie gerade fielen, als das Feuer durch den Wald raste. Weiter gleitet das Boot. Schweigend sitzt Lewin und rudert. Nikolai hat auf die Schleppangel zu achten. In kurzen Abständen muß er sie einziehen, und jedesmal fliegt ein zappelnder Stör ins Boot. Dann verzieht Lewin das Gesicht zu einem Grinsen und schnalzt mit den Lippen.

Als die Sonne den Tag teilt, machen sie halt. Sie ziehen den Kahn ans Ufer, suchen sich Äste und schnell brennt das Feuer, über dem sie, an einen Stab gespießt, zwei Fische braten. Nikolai, der es übernommen hat, aufzupassen, daß sie nicht verbrennen, tut alles mit Unrast. Er darf nicht zu Lewin hinsehen. Der Alte sitzt mit ausgestreckten Beinen da, zieht genießerisch an seiner Zigarette und hat schläfrige Augen. Ich könnte mich mit ihm herumzanken, denkt Nikolai, er häufelt sich hin, als ob er drei Tage nicht wieder aufstehen will. Nie werden wir den Vater einholen, wir müssen bestimmt bis in den Ural.

Während sie die Fische mit Salz bestreuen und zu essen anfangen, sagt Lewin: »Ich schlaf' dann ein bißchen. Wie ist es mit dir? Du wirst auch müde sein.«

Nikolai fällt fast der Bissen aus dem Mund.

»Du willst schlafen, Lewin? Aber wir müssen doch weiter!«

»Natürlich. Wenn ich mich ausgeruht habe.«

Ohne Nikolais widerspruchsvolles Gesicht zu beachten, kaut er schmatzend weiter. Er wirft das Fischgerippe fort und legt sich lang ins Gras. Nikolai ist wütend. Wenn ich bloß den Weg wüßte! Ich würde allein weiterfahren!

Der Wind bläst immer wieder in die Glut, daß die Funken hochstieben. Wenn sie Lewin doch ins Gesicht fliegen würden, daß er nicht mehr schlafen kann, hofft Nikolai boshaft. Aber sie huschen auf das Wasser zu. Da tritt Nikolai stampfend mit den Füßen auf der Glut herum, bis nur noch ein schwarzer Fleck von verbranntem Gras zu sehen ist.

Als er den Alten schnarchen hört, strolcht Nikolai ein Stück in den Wald. Das Ufer steigt ein wenig an. Er kriecht durch das Gebüsch hinauf, geht weiter, schlägt mit der Axt ein paar Zweige aus dem Weg und hat bald den Blick auf eine Lichtung frei.

Der Mittag ist warm und sonnenüberglänzt. Auch Nikolai spürt Müdigkeit, aber er will es nicht zugeben. Er lümmelt sich an eine krummgewachsene Birke und zieht einen Halm durch die Zähne. Plötzlich hört er in den Wipfeln das schimpfende Gekreisch der Häher. Nikolai fährt zusammen. Es kommt Wild, denkt er, ein großes Tier, sonst wären die Häher nicht so laut.

Nikolai horcht. Er rührt sich nicht, nur seine Augen gehen über die Lichtung. Von dort, wo die Vögel kreischen, muß es kommen!

Alles bleibt, wie es ist. Dann poltert es plötzlich, schwer, wuchtig. Und wieder Stille.

Der Wind steht gut, denkt Nikolai und starrt auf einen Fleck am Waldrand, wo sich die Zweige bewegt haben. Aber er kann noch immer nichts sehen. Seine Augen suchen weiter. Mit einem Male schlagen die Sträucher auseinander.

Ein Bär läuft auf die Lichtung.

Ein mächtiger brauner Bär, hochbeinig und mager. Er hebt den Kopf und wittert.

Nikolai steht da, als wäre er gelähmt. Sein Herz rast mit schmerzenden Schlägen gegen die Rippen – eine Sekunde – zwei Sekunden. Dann hat Nikolai sich wieder in der Gewalt. Der Wind kommt von drüben, also kann er mich nicht in die Nase kriegen. Was soll ich jetzt machen? Ich habe kein Gewehr, nur eine Axt. Wenn er herüberkommt? Ich muß zu Lewin! Aber das könnte ihn aufmerksam machen. Wenn er nun zum Fluß will? Dann wird er mich bemerken. Und wenn er erschrickt? Wird er flüchten oder angreifen? Warum steht er dort und rührt sich nicht? Was hat er vor?

Auf einmal fährt Nikolai zusammen. Der Bär hat eine Bewegung mit den Vorderpranken gemacht, sein Kopf ist auf den Boden gefahren. Jetzt sieht Nikolai, wie er katschend das Maul bewegt. Ach so, er fängt Mäuse! Nikolai ist einen Augenblick lang fast belustigt. Wie schnell der klobige Kerl das macht! Wie blitzartig er zuspringen kann! Wenn er Mäuse fängt, kommt er noch nicht zum Fluß, denkt Nikolai. Ich muß zum Boot! Im Boot ist das Gewehr!

Ohne den Bären aus den Augen zu lassen, geht Nikolai vorsichtig rückwärts. Er wartet jedes laute Häherkreischen ab, um sich wieder einen Schritt nach hinten zu schieben. Er kauert dicht über dem Boden und sucht vorher mit den Augen die Stelle ab, auf die er den Fuß setzen wird. Wenn der Bär den Kopf hebt, die Nase in den Wind steckt, versteinert Nikolai. Wie eine ganze Werst, so lang erscheint ihm das kurze Stück zum Ufer.

Als er schon den Abhang hinunterschleicht, wird er auch nicht ruhiger, denn jetzt kann er den Bären nicht mehr beobachten.

»Lewin!« flüstert er, als er den schlafenden Alten erreicht hat, »Lewin! Wach auf! Oben, nur hundert Schritte von uns, springt Michail Iwanowitsch auf der Wiese herum!«

Als habe der Blitz neben ihm eingeschlagen, ist Lewin hoch. Sein Unterkiefer klappt herunter.

»Was sagst du? Aschninika, der große alte Herr?«

»Ja, Lewin. Du hast doch das schwere Gewehr mit, gib mir Patronen, Lewin!«

»Bist du vom Schaitan* besessen, du Sohn einer tollen Hündin? Mit meinem Gewehr auf Aschninika schießen?« Er stößt Nikolai vor sich her. »Ach, dein Vater und du, ihr seid geradeso wie die Russen. Los, ins Boot, und du wirst mitrudern! Ich will dir diese Gedanken schon austreiben!«

Jetzt geht es ihnen weniger darum, leise, als so schnell wie möglich fortzukommen. Sie tragen das Boot ins Wasser, springen hinein, stoßen es weit vom Ufer ab und rudern beide aus Leibeskräften. Immer wieder suchen Nikolais Augen das Ufer ab, und immer wieder ist er erleichtert. Erst als das Boot um eine Biegung verschwunden ist, taucht oben auf der Böschung der braune zottige Kopf auf. Die Nase fährt hoch. Sie fängt einen Geruch ein, der schlecht ist, fremd und schlecht, und der Erinnerungen bringt an feurige Funken vor den Augen und an einen furchtbaren Schmerz. Wo? Überall. An Durst und Hitze in den Därmen. Nahe ist der fremde Geruch, ganz nahe und stark. Der gleiche Geruch wie damals, als die Funken blitzten, der Donner krachte und die Schmerzen kamen.

Der Bär schiebt die Unterlippe zurück. Seine Ohren pressen sich an den Kopf. Vor seinen blutunterlaufenen Augen tanzt es ... dann heben sich die mächtigen Branten, und der krummge-

* Teufel (in der Ostjakensprache).

wachsene Birkenstamm, an dem Nikolai gestanden hat, muß die Rache des Bären hinnehmen. –

Am Abend erreichen Nikolai und Lewin ein Dorf. Der Alte bestimmt, daß sie bei einer Ostjakenfamilie übernachten. Auf Nikolais Protest hört er nicht.

Es ist noch Leben im Dorf. Die Bauern sitzen vor ihren Hütten und spucken Sonnenblumenkerne. Als sie das Boot sehen, kommen sie zum Fluß gelaufen, voran die Kinder.

»Ach, Lewin ist es!« hört Nikolai die Leute sagen, als sie nahe genug heran sind. »Was hat er für einen Burschen mit?«

»Das ist Nikolai, der Sohn des Kaukasiers«, sagt Lewin, als sie sich begrüßt haben. »Er muß seinen Vater zurückholen. Ist Ibrahim nicht vor ein paar Tagen hier vorbeigefahren? Mein Jakow muß bei ihm gewesen sein, sie wollten in den Ural.«

»Ja«, sagen die Leute – und dann schwatzen sie alle durcheinander: »Ja, sie sind hier gewesen!« – »Aber dann ist Jakow nur allein weitergerudert!« – »Der Kaukasier ist mit zwei Bauern zum See!« – »Sie wollten auf Birkhühner und Auerhühner!« – »Und vor allem auf Elche!« – »Es sind viele gesehen worden!« –

»Am See mehrere Herden!« – »Jede acht Stück oder zehn!« – »So viele Elche wie lange nicht!«

»Ist es weit zum See, Lewin?« fragt Nikolai. Und wenn der Alte sich darauf verstände, würde er die Freude in Nikolais Stimme hören.

»Weit? Ach, was, morgen abend sind wir dort!«

Der scheidende Tag spiegelt sich in der ruhigen Fläche des Urwaldsees. Die hohen Zirbelkiefern und Tannen reichen bis dicht an sein Ufer. Dort wo der Fluß einmündet, auf dem Nikolai und Lewin gefahren sind, seit sie die Konda verlassen haben, zieht sich eine schmale Landzunge weit ins Wasser hinein. Braune Heide wuchert darauf, krüpplige Kiefern und Birkensträucher.

Fast am Ende der Landzunge steht die Jägerhütte. Im letzten Sonnenglanz leuchtet sie, als wäre sie aus Kupfer gebaut. Als das Boot näherkommt, melden sich die Hunde. Nikolai und Lewin sehen sich an. Was brauchen sie reden. Sie wissen, daß sie am Ziel sind. Kukla hat recht behalten, wie immer, denkt Lewin. Und Nikolai denkt: es wird noch alles gut werden!

Über dem See spielen die Mückenschwärme und die Enten tauchen ins Wasser und fahren in schnellem Zug hin und her. Ein Seeadler rüttelt hoch über der leise bewegten Wasserfläche und zieht wieder seinen Kreis. Aus dem Hüttendach steigt ein dünnes, bläuliches Fähnchen und an der Wand sind zwei Elchdecken aufgehängt. Nikolai hört Lewin grunzen.

»Fleisch«, murmelt der, »es gibt viel Fleisch!«

Dann sieht Nikolai, wie sich ein Mann durch den niedrigen Hütteneingang schiebt. Da schwenkt er das Ruder hoch über sich.

»Vater! Vater!« ruft er, daß es weit über den See schallt.

Auf der ganzen Heimfahrt spricht der Vater kein Wort. Nikolai ahnt, woran er denkt. Nichts trifft den Vater tiefer, als wenn der Mutter ein Leid geschieht. Der Mutter, die in ihrem Leben noch keinem Menschen weh getan hat. Daß der Vater mit dem Forstbeamten nun doch gehen muß, wird ihn kaum so hart treffen.

Oder weshalb ist der Vater sonst so still? Das Boot ist vollbeladen. Er könnte zufrieden sein. Einen Elch bringen wir mit, drei Auerhähne, sechs Hennen, vier Enten und einen Korb voll Eier. Aber damit ist die Jagd für den Vater nun erst einmal vorbei – auf lange Zeit.

Ja, auch daran wird er denken.

Elchfährten an der Konda

Mit festem Schritt geht Ibrahim Karalkan auf das Haus zu, das der Forstbeamte bewohnt. Er zögert nicht einen Augenblick, bevor er eintritt. Er hat auf der Rückfahrt genug Zeit gehabt, über das nachzudenken, was ihn erwartet. Daß er Tamara im Hause antraf, heimgeschickt vom Forstbeamten selbst, hat viele böse Gedanken über den Haufen geworfen. Nun ist er fertig mit seinem Widerstand. Er wird sich in das fügen, was sich nicht ändern läßt. Es hat schlimmere Zeiten in seinem Leben gegeben als diese.

»Da bin ich also, Herr«, sagt Ibrahim Karalkan und bleibt an der Tür stehen.

Wenn der Forstbeamte etwa einen Menschen vermutet hat, der sich zähneknirschend unterordnet, dann hat er sich getäuscht.

»Komm herein, Kaukasier. So nennen sie dich doch. Wir haben eine Menge miteinander zu besprechen.« Der Forstbeamte kann seinen Ärger noch nicht verbeißen; er fordert den Jäger nicht zum Sitzen auf. »Du kennst die ganze Umgebung, wie mir gesagt wurde?«

»Herr, ich lebe seit vierzehn Jahren hier und die Jagd hat mich und meine Familie gut genährt.«

»Hast du hier eine Frau genommen?«

»Nein, Herr. Tamara stammt wie ich aus dem Kaukasus. Sie ist mir in die Verbannung gefolgt.«

»So. Warst du schon in deiner Heimat ein Jäger?«

»Ein Jäger auch, Herr.«

»Was noch?«

»Wir besaßen Land, Herr. Meine Familie gehörte zum kaukasischen Adel.«

Wieder sagt der Forstbeamte »So«, aber es klingt noch erstaunter als vorhin. Sein Blick geht unauffällig über die große, aufrechte Gestalt. Dann wendet er sich ab.

»Du kennst also die Dörfer und Ansiedler und weißt um das Wild, das in den Wäldern steht?«

»Ich kenne die Dörfer nach Osten und Westen hin. Ich kenne auch die Bewohner. In der Nähe der Dörfer steht kein Wild, wenn du Rehe, Elche und Rentiere meinst. Das alles mußt du weiter weg suchen, in den Urwäldern, auf den weiten Heiden, an den Seen und kleinen Flüssen.«

»Ich kann es mir denken, wenn es überall so aussieht wie hier um Baltschara. Dafür haben die Leute gesorgt, die sich Jäger nennen. Ich will zuerst südlich fahren. Sieh dir diese Karte an. Wir rudern mit der Konda bis Repalovo und nehmen den Irtysch hinauf einen Dampfer bis Demjansk. Dort gehen wir wieder in die Boote und rudern die Demjanka hinauf. Dort führst du mich in die Dörfer, und ich werde überall Anordnungen bekanntgeben, und wir werden uns in den Wäldern und Heiden umsehen. Wie lange wird es dauern, bis wir bei der letzten Ansiedlung an der Demjanka sind?«

»Ein paar Wochen werden wir brauchen, Herr.«

»Das habe ich mir auch ausgerechnet, und ich habe bereits zusammengestellt, was wir alles mitnehmen müssen. Zwieback, Zucker, Tee, Salz, geschmolzene Butter, Schinken und Tabak. Was meinst du, ist das so richtig?«

»Wenn ich allein unterwegs bin, geht es einfacher zu, Herr, aber Lichter hast du vergessen. Die sind wichtig. Nicht in jeder Hütte ist eine Lampe, und nicht immer ist noch Petroleum darin. Und dann, Herr, mir scheint, du hast alles sehr reichlich bemessen, wenn ich hier lese, wieviel du von allem mitnehmen willst. Wir werden ein Boot anhängen müssen, denn Decken, Töpfe, Gewehre und Patronen brauchen auch allerhand Platz. Oder willst du nicht schießen, Herr?«

»Natürlich, wir brauchen doch auch Fleisch. Ich habe ein großes Boot gekauft und ein kleines, schließlich sind wir zu dritt.«

»Zu dritt?« Ibrahim Karalkan sieht den Forstbeamten fragend an.

»Ja, meine Tochter kommt mit, und ich dachte sogar, daß es vielleicht auch deinem Sohn Spaß machen würde. Aber darüber will ich nicht bestimmen, das soll bei dir liegen.«

»Du meinst meinen Nikolai, Herr? Nun, wenn es deine Tochter schaffen soll, dann würde uns Kolja noch manchen Handgriff abnehmen. Aber verzeih, wenn ich es sage: für das Seelchen wird diese Fahrt zu anstrengend werden, glaub mir.«

»Kyra ist auch in Rußland schon mit zur Jagd gegangen. Sie schießt ausgezeichnet!«

»Das mag sein, aber ich glaube, auch du bist das erste Mal in Sibirien. Du solltest das Töchterchen so lange daheim lassen, bis du eine solche Fahrt selbst . . .«

»Spar dir das, sie fährt mit. – Ich habe noch eine Frage. Weißt du, wer eine gute Laika* hat, die ich kaufen kann?«

»Ich kenne nur einen, der gute Hunde hat, das ist Lewin,

* Sibirischer Jagdhund (Mehrz. Laiki).

ein Ostjake. Er wohnt an der Konda, aber es ist ein Stück zu fahren.«

»Wir kommen nicht vorbei?«

»Nein, Herr.«

»Dann will ich es vorerst lassen. Es hält uns nur auf und ich habe schon genug Zeit verloren.«

»Ich könnte meine Hunde mitbringen, Herr.«

»Ja – gut.«

Als Ibrahim Karalkan auf dem Heimweg ist, tritt ihm plötzlich Kyra in den Weg.

»Wirst du Nikolai mitbringen?« fragt sie und versucht, mit dem Mann Schritt zu halten.

»Ich weiß noch nicht.«

»Kann er auch schon schießen?«

»Er hat es versucht.«

»Hat er auch ein eigenes Gewehr?«

»Nein.«

»Dann kann er meins nehmen, wenn er mitkommt. Sag es ihm.«

»Möchtest du gerne, daß er dabei ist?«

»Ja.«

Im Morgengrauen des übernächsten Tages fahren sie auf der Konda davon: Kyrill Maximowitsch und seine Tochter, Ibrahim Karalkan mit Nikolai und zwei Hunden.

Die Laiki sitzen zwischen Kyra und Nikolai. Sobald sich das Mädchen zu ihnen hindreht, knurren sie wütend.

»Wir werden sie in das Beiboot stecken, wenn du dich fürchtest«, sagt Nikolais Vater.

»Ich fürchte mich nicht!« Kyra sieht, wie Nikolai verächtlich die Mundwinkel herabzieht. Sie wird rot. »Ach, du glaubst es wohl nicht, was?« Blitzschnell hebt Kyra die Hand, als wolle sie Graukopf streicheln. Der Hund, der wie alle Laiki keine Vertraulichkeiten leiden kann, fletscht wütend die Zähne und will zuschnappen. Im gleichen Augenblick trifft ihn Kyra mit dem Stiefelabsatz auf die Nase, daß er aufheult. Triumphierend will sie sich nach Nikolai umdrehen, da fühlt sie auch schon einen derben Puff im Rücken.

»Untersteh dich und schlag ihn noch einmal, dann kriegst du es mit mir zu tun!« zischt Nikolai sie an.

»Vor dir fürchte ich mich genausowenig, das merk dir!«

Nikolai will ihr die Antwort nicht schuldig bleiben, aber ein Blick des Vaters hält ihn zurück. Eine heiße Welle überläuft Nikolai vom Kopf bis zu den Füßen. Wenn ich doch aussteigen könnte, denkt er. Wenn ich doch heim könnte! Nicht genug, daß mein Vater tun muß, was der Herr will, jetzt muß ich mich in das fügen, was die freche Kröte will. Ich mag nicht! Er beißt die Zähne zusammen, daß er es nicht hinausschreit.

»Nimm ein Ruder, Kolja, lange still sitzen ist nicht gut«, hört er den Vater sagen.

Während Nikolai neben sich greift, denkt er: kann der Vater denn Gedanken lesen? Und als er sich in Vaters Ruderschlag einreiht: wie macht das der Vater nur? Erst rückt er aus, weil er frei bleiben will, und nun arbeitet er für den Herrn, als wäre es selbstverständlich!

Kaum haben die Männer im Dorf es wahrgenommen, daß der Forstbeamte unterwegs ist, geht einer nach dem anderen zur Tür des Nachbarn hinein. Und als Ignatjeff, der Polizist, den Bauern Pawel Iljitsch trifft und ihn fragt, ob er nicht das Feld pflügen will, bekommt er zur Antwort:

»Das Feld pflügen? Heute? Es wird sehr warm werden. Die Sonne meint es gut, sieh nur, wie die Mücken spielen! Wir wollen es Abend werden lassen, das Feld läuft nicht davon!«

In der Dunkelheit, als Ignatjeff auf der Bank liegt und schnarcht, fahren sechs Boote die Konda hinauf ...

Wochenlang wird er wegbleiben, der kluge Herr aus Petersburg, und Ignatjeff, der Dummkopf, dem man nicht trauen kann, daß er mit ihm unter einer Decke steckt, Ignatjeff schläft. Sie aber, die Bauern, werden sich Fleisch holen. Das Wetter ist gut, die Sonne brennt am Tage heiß genug, die Stechfliegen sind munter, da kommt das Wild aus den Wäldern und sucht Kühlung im Wasser. Hoho, es wird eine gute Jagd werden!

Zur gleichen Zeit, als der Forstbeamte in den ersten Dörfern an der Demjanka halt macht und den Bewohnern seine Anordnungen bekanntgibt, haben die Bauern aus Baltschara die ersten Elchfährten im moorigen Grund eines stinkenden Nebenarmes der Konda gefunden. Sie lagern sich in der Nähe und warten. Faul dösen sie vor sich hin, bis die Sonne am höchsten steht, die Mücken aufdringlich werden und die Hitze über Wald und Wasser brütet. Dann klettern sie in ihre Boote, horchen auf jedes Geräusch und lauern auf die kleinste Bewegung vom Walde her. Lose stecken die Messer im Gürtel, die alten Gewehre liegen schußbereit in den Händen.

Die Nase hoch im Wind, führt die Elchkuh das Rudel heran. Immer wieder bleibt die mißtrauische Alte stehen und drängt die vorwitzigen Jungtiere ärgerlich zurück. Aber unwiderstehlich lockt der Geruch des Wassers. Der Durst quält, und die Hitze mit Schnaken und Fliegenschwärmen, die sich auf das Rudel stürzen, wird zur Unerträglichkeit.

Laut quatscht der schlammige Grund unter den schweren Tritten. Die Feuchtigkeit um die Hufe kühlt. Das Rudel wird ungeduldig hinter der sichernden Alten. Aber es ist nichts in der Luft, das ihren Argwohn erregt.

Raschelnd bricht das Schilf, als sie sich ins Wasser gleiten läßt, und polternd folgen die andern. Gierig tauchen sie die Mäuler ein, und nachdem sie ihren Durst gestillt haben, tun sie sich zum Suhlen nieder. Nur die Jungtiere planschen übermütig umher. Schwer und schlammig ist der Grund und leicht und wohltuend das Wasser. Sogar die mißtrauische Alte gibt sich ganz dem Genuß hin.

Lautlos gleiten die Boote heran. Und das Wild ist ahnungslos. Zwischen Schöpfen und Suhlen angeln die Mäuler nach einem Büschel Froschlöffelkraut, fährt der Kopf rückwärts nach einem stechenden Plagegeist. Plötzlich beginnen die Lauscher der Alten zu spielen. Sie hat ein Geräusch gehört, das nicht wie der Flügelschlag einer Ente klang. Blitzschnell ist sie hoch. Die Nase nimmt Witterung.

Das ganze Elchrudel folgt ihrem Beispiel. Schwerfällig ziehen sie die Läufc aus dem zähen Morast. Aber noch bevor die Alte das Zeichen zum Aufbruch geben kann, bricht das Unglück über die Tiere her. Donnernd rollen die Schüsse, und dichter blauer Pulverdampf verhüllt die wilde Flucht der Elche.

Mit schnellem Ruderschlag stoßen die Jäger in den Rauch, der sich allmählich vom Wasser hebt. Aufgewühlt, morastig braun, spült es um ihre Boote, und einige Schläge weiter färbt es sich rot. Drei große Elchleiber und vier Jungtiere liegen zusammengebrochen, wo das Feuer sie traf. Kaum können die Jäger die grauen Felldecken vom Wasser unterscheiden.

Das Boot, in dem Pawel, Maxim und Sergej sitzen, hat ein bestimmtes Ziel. Eins der Tiere scheint nur angeschossen zu sein. Eine große Kuh ist es. Sie versucht, aus dem Wasser zu kommen, hat auch das Ufer fast erreicht, aber ihre Kraft scheint nicht mehr zu langen, um aufs feste Land zu springen. Schwer geht der Atem, daß die Flanken schlagen, die Augen treten weit hervor, rot rinnt es an den Vorderläufen herunter. Sie hört den Ruderschlag hinter

sich lauter und lauter werden und dann schreit es, daß ihr die Angst die Sinne verwirrt.

Wohin ist das Rudel, das sie geführt hat? Vor ihr, irgendwo, poltert und bricht es. Dorthin muß sie auch! Doch die Läufe sind steif und schwer. Aber sie muß! Sie muß!

»Laß die Patrone, Sergej!« schreit Pawel, »die Alte kriegen wir auch so!« Und dann trifft seine Axt den hinteren Lauf, daß die Elchkuh einknickt wie ein dürrer Ast.

Der neue Schmerz macht es dunkel vor ihren Augen, aber das Herz bäumt sich noch einmal auf. Voller Verzweiflung nimmt sie alle Kraft zusammen und springt auf das Ufer. Noch drei, vier wilde Fluchten ... aber schon torkelt sie unsicher ... niederbrechend sinkt sie ins Moos. Die Lauscher bewegen sich noch. Ganz weit hört sie das Rudel poltern, und zufrieden fällt ihr großer Kopf zurück. – Sie spürt den Schlag von Pawels Axt nicht mehr.

»Es werden noch mehr krank geschossen sein«, sagt Maxim, als er neben Pawel steht, »wir sollten suchen!«

»Suchen? Such doch, wenn du willst. Mir reicht das viele Fleisch!«

»Jaja«, sagt Sergej, »wir warten bis morgen, dann sind die Angeschossenen erledigt, und wir haben keine Arbeit damit!«

»Aber die Hunde könnten wir wenigstens hinterherjagen!«

»Ach, laß die Hunde, die jagen das Wild nur weiter weg, dann müssen wir viel laufen.«

»Was wir nicht finden, bleibt liegen. Wir haben doch genug«, sagt Pawel, und er macht sich daran, die Elchkuh aufzubrechen.

Nächtlicher Streit

Im ersten Dorf trifft der Forstbeamte gerade an einem Feiertag ein. Die Leute nehmen ihn freundlich auf. Und als er sie belehrt hat, sagen sie ohne Verlegenheit:

»Aber Herr, wir jagen nicht oft! Wir fischen und gehen auf unsere Felder. Natürlich legen wir ein paar Schlingen, aber im Sommer selten. Im Frühjahr, mußt du wissen, wenn der Kohl alle ist und der Kascha* immer dünner gekocht werden muß, dann bleibt uns doch nichts anderes übrig, als Schlingen zu legen und eine Hetzjagd zu machen. Das kannst du uns nicht verbieten, Herr. Wir sind arme Bauern mit wenig Land.«

»Und wenn ihr mehr hättet?«

»Wenn, Herr! Aber woher? Du hast doch gesagt, wir dürfen den Wald nicht anzünden!«

»Ich werde euch Land geben. Die Regierung hat mich beauftragt, Land auszusuchen und zu vermessen.«

»Wo, Herr?«

»In der Richtung, wo die Sonne untergeht.«

»Müssen wir roden, Herr?«

»Gewiß werdet ihr roden müssen. Aber der Boden wird gute Ernten geben.«

»Wer weiß das im voraus, Herr? Roden ist schwere Arbeit – da bleiben wir lieber, wo wir sind, und ziehen den Gürtel ein bißchen enger!«

Im nächsten Dorf sagen die Leute:

»Ach, Herr, wir sind Fischer und Bauern, und wegen der paar Schlingen, die wir legen, und der paar Gruben, die wir graben, kann doch das Wild nicht aussterben!«

»Würde es auch nicht«, sagt Kyrill Maximowitsch, »wenn ihr vernünftig jagtet! Wenn ihr die Muttertiere und das Jungwild schonen würdet! Oder schießt ihr etwa nicht die Auerhenne und die Birkhenne vom Gelege herunter? Und lockt ihr die jungen Hühner nicht mit dem Ruf der alten Henne, wenn sie sich in eurer Schlinge erwürgt hat? Was ist an solchen Küken dran?«

»Ach, Herr, eine Suppe gibt's doch. Freilich, man klaubt lange an den Knochen herum.«

Das nächste Dorf ist eine Ostjakensiedlung. Kleine, ärmliche

* Brei von gequetschtem Getreide.

Jurten*, die aus Holzstangen und darübergelegten Fellen bestehen.

Als die Boote auf den Sand rucken, zeigt sich weder ein Mensch, noch läßt sich ein Hund hören.

»Sie haben gewußt, daß wir kommen, Herr«, sagt Ibrahim Karalkan. »Sie haben Angst vor dir!«

»Dann werden wir warten, bis sie wiederkommen. Ewig können sie nicht wegbleiben.«

»Es kann lange dauern, Herr. Wenn du es erlaubst – ich wüßte etwas anderes.«

»Sprich schon, Kaukasier!«

»Laß uns das Zelt aufschlagen, und du bleibst hier. Ich werde die Leute suchen gehen. Allein, Herr.«

»Wenn du dir etwas davon versprichst – geh!«

Nikolai bleibt bei dem Forstbeamten und Kyra. Sie rudern auf dem Fluß und werfen die Schleppangel aus, einmal Kyra, einmal Nikolai. Und wenn er es auch nicht gern eingesteht, es stimmt doch, daß sie es ebenso – fast ebenso geschickt macht wie er selbst. Überhaupt könnte man manchmal bald vergessen, daß sie

* Sibirische Rundzelte aus Fellen.

ein Mädchen ist, denkt Nikolai. Etwa dann, wenn sie das Gewehr an die Schulter legt und einen Birkhahn vom Baum herunterschießt. Sauber macht sie das. Und wenn sie ihm das Gewehr hinhält und sagt: »Du holst den nächsten«, dann überkommt es ihn, daß er sich sagt: ich kann sie leiden!

Wirklich, sie ist nicht so, wie er zuerst gedacht hat. Wenn er vorbeischießt, lacht sie nicht über ihn, sondern greift in die Hosentasche und hält ihm eine neue Patrone hin. Und sie heult auch nicht über die Mücken, die sich in dicken Polstern auf ihre Hände setzen, wenn sie durch hohen dichten Urwald fahren. Sonderbar, denkt Nikolai, sie sieht ganz anders aus, seit wir unterwegs sind: Hosen, Stiefel, Kittel, und die lockigen Haare unter die Mütze gesteckt.

Als der Abend kommt, fahren sie zur Ostjakensiedlung zurück. Nikolai und der Forstbeamte kippen das große Boot über das kleine, in dem die Vorräte sind, damit die Hunde nicht darangehen.

Kyra brät die Fische. Nikolai hat ihr gezeigt, wie man es macht. Zwei Gabelhölzer werden rechts und links vom Feuer in den Boden gesteckt, die Fische auf ein drittes Holz gespießt und so lange über die Flamme gehängt, bis die Schuppen abgebrannt sind. Dann die Fische abkratzen, mit Salz bestreuen und die Mahlzeit ist fertig. Danach kommt der Teekessel über die hell-lodernde Flamme.

Während sie das heiße, braune Getränk schlürfen, sagt Kyra: »Ob dein Vater sie findet?«

»Die Ostjaken? Natürlich.«

»Es dauert lange.«

»Davon verstehst du nichts. Such du in der Taiga einmal Leute, die Angst haben!«

Kyrill Maximowitsch zieht heftig an seiner Pfeife.

»Aber mein Vater tut ihnen doch nichts!« sagt Kyra.

»Er ist ein Beamter, das genügt. Wer ein Beamter ist, kann andere ins Gefängnis bringen, und das Gefängnis ist das Schlimmste, das es für sie gibt.«

»Wenn sie tun, was der Vater sagt, kommen sie nicht hinein.«

»Wer weiß, ob sie das glauben.«

Es ist still geworden über dem Wald und der kleinen Siedlung, als Nikolai und Kyra ins Zelt kriechen. Der Forstbeamte sitzt noch am Feuer, und ab und zu hören die beiden ihn mit dem Blechgeschirr klappern.

Zitternd bewegen sich die Wipfel im leichten Wind, und nur

der Eulenruf klingt schrill durch den voranschreitenden Abend. Blaßgrün ist der Himmel, und nur dort, wo die Sonne versunken ist, hat er noch einen goldgelben Streifen.

Die Hunde vor dem Zelt maunzen im Schlaf.

»Habt ihr nur zwei Hunde?« fragte Kyra leise.

»Einer ist noch daheim. Eine Hündin. Susbeka hatte gerade gewölft, als wir fortmußten. Mir blieb keine Zeit, die Kleinen zu suchen.«

»Warum suchen?«

»Weil sie die Jungen im Walde versteckt hält.«

»Warum?«

»Das ist bei unseren Hunden so. Sie haben es noch vom Wolf in sich, von dem sollen sie ja abstammen. Erst wenn die Jungen laufen können, bringt die Alte sie heim.«

»Würdest du mir einen geben, wenn wir daheim sind?«

»Daheim? Du bist doch in Petersburg daheim. Was soll eine Laika in der Stadt?«

»Ich meine nicht Petersburg, ich meine Baltschara.«

»Wie lange wollt ihr eigentlich bleiben?« fragt Nikolai feindselig.

»So lange, bis ihr das Wild nicht mehr mordet!« gibt Kyra ebenso kraß zurück.

»Wenn du mit ›mordet‹ auch meinen Vater meinst, werde ich dich verprügeln, du! Mein Vater schießt, wenn er zur Jagd geht! Verstehst du mich?« Nikolai hat sich aufgerichtet und versucht in der Dunkelheit, in Kyras Gesicht zu sehen. Er ist so wütend, daß er nicht gewahr wird, wie sich der Zelteingang auseinanderschiebt.

»Und wieviel Schlitzbäume stellt er jedes Jahr?« fragt Kyrill Maximowitsch scharf.

Nikolai fährt erschrocken herum.

»Schlitzbäume? Nicht einen, Herr! Du hast es ja gehört, wenn du uns belauscht hast: mein Vater schießt, er ist kein Mörder!«

»Wenn einer wahllos schießt, was ihm vor das Rohr läuft, kommt es auf dasselbe heraus!«

Du hast leicht reden, möchte Nikolai erwidern, du hoher Herr, der du nicht von der Jagd leben mußt! Was weißt du denn, wie hart das Leben meines Vaters ist. Aber Nikolai hat Angst, er könnte mit dieser Antwort dem Vater schaden. Deshalb würgt er sie hinunter und fällt auf das Lager zurück.

»Nun weißt du nichts mehr zu sagen, was?« zischelt Kyra, »ja, mein Vater hat ganz recht!«

»Sei still!« preßt Nikolai hervor.

Kyra horcht erschrocken auf seine Stimme. Was hat er, denkt sie, er weint doch nicht etwa? Sie lauscht. Sie hört ihn schlucken und sich räuspern. Vorsichtig tastet sie nach seinem Arm, aber Nikolai stößt ihre Hand heftig zurück.

Am nächsten Morgen kommt der Kaukasier mit dem Dorfältesten und drei Ostjaken. Sie sind nicht zu bewegen, ganz an den Forstbeamten heranzugehen. Zu allem, was er sagt, nicken sie mit furchtsamen verschlossenen Gesichtern.

»Da ihr kein Feld bebaut und sogar zum Fischen zu faul seid, hat euch die Regierung Jahr für Jahr geschickt, was ihr zum Leben braucht: Brot und Getreide. Dafür verlangt sie nun, daß ihr euch nach meinen Anordnungen richtet. Wenn nicht, wird das Getreide ausbleiben. Und ich werde euch erwischen, darauf könnt ihr euch verlassen!«

Finster sehen die Ostjaken den davonfahrenden Booten nach und tuscheln miteinander, als fürchteten sie, der Fremde könnte sie jetzt noch hören. Dann verschwinden sie im Wald.

Bevor die beiden Boote die letzte Siedlung am Fluß erreichen, verbringen Kyrill Maximowitsch, Nikolais Vater und die beiden Kinder die Nacht in einer Jagdhütte, die in der Heide steht.

Wenn sie vor die Tür treten, geht der Blick auf einen See. Hohes Schilfgras steht in breiten Streifen darum, nur hier und da von Birkengestrüpp verdrängt. Hundertfach raschelt es um das Ufer, Enten schwatzen und fliegen hoch, gehen auf dem See nieder, tauchen eilig und ziehen weiter.

Nikolai und der Vater kümmern sich um das Feuer und kochen aus Hafermehl und Fischen das Futter für die Hunde.

»Warum schießt er nicht?« fragt Nikolai, »ich denke, es sollte heute Birkhühner zum Essen geben?«

»Birkhähne, Nikolai!«

»Richtig. Aber bis jetzt hat's noch nicht geknallt. Sie scheinen ihm wieder leid zu tun. Ist er im Boot fort?«

»Nein, sie sind beide durch das hohe Gras davon.« Und während der Vater die Decken auf das Lager breitet, das die ganze hintere Wand der Hütte einnimmt, sagt er: »Das Schlimmste an allem ist, daß ich mein Gesicht verliere.«

Nikolai sieht auf.

»Dein Ansehen, Vater? Das glaube ich nicht.«

»Ja. Alle denken sie, ich mache mit ihm gemeinsame Sache. Sie stehen mir ebenso feindlich gegenüber wie ihm.«

»Dann laß uns fliehen, Vater!« Nikolai läßt das Scheit fallen, das er ins Feuer legen wollte, und steht wie zum Sprung bereit. »Jetzt gleich, Vater!«

»Nein, Kolja, damit ist es nichts. Ich fürchte das Gefängnis ebenso wie die andern.«

»Aber sie würden dich niemals kriegen!«

»Ach, Kolja, was meinst du, was sie alles anstellen, wenn sie einen fangen wollen! Nein, Kolja, so schafft man es nicht aus der Welt.«

»Aber wie sonst, Vater? Denkst du an etwas ...«

»Sei still! Er kommt zurück.«

Sie essen von ihren Vorräten und sitzen dann noch vor der Hüttentür. Die Pfeifen der Männer verscheuchen die Mücken nicht, die ihnen um die Köpfe singen.

Es bleibt hell bis in die späte Nacht hinein, und das Glucksen des Wassers, das Rascheln des Schilfes und der Flügelschlag durch die Büsche streichender Vögel umfängt sie wie eine einschläfernde Melodie. Immer wieder nimmt der Forstbeamte sein Fernglas an die Augen und sucht in der Weite.

»Ich habe eine Bärenfährte gesehen und den Tritt eines Renhirsches.«

»Eine frische Spur, Herr?« fragt Nikolais Vater.

Der Forstbeamte nickt.

»Das ist seltsam, Herr, hier stehen sonst keine Rene. Willst du nicht pürschen, Herr? Wir könnten Fleisch brauchen!«

»Das schon, aber er kann sein Geweih noch nicht vollends neu geschoben haben. Wir sind erst im Juni.«

»Das kann man nicht sagen, Herr. Man müßte ihn sehen!«

Immer leiser haben sie gesprochen, und trotzdem spürt der Forstbeamte das Beben in Ibrahims Stimme.

»Wo ist die Fährte, Herr?«

»Hier, nimm das Glas. Such dir dort drüben die Kiefern, die drei einzelnen, sechs Schritte links davon steht nichts, dann kommen die Birkensträucher. Dort ist der Wechsel.«

Kyra und Nikolai sitzen nebeneinander und starren ebenfalls hinüber. Das Jagdfieber hat auch sie gepackt. Wie ein Funke ist es auf alle gesprungen. Aber so angestrengt sie alle schauen, es bewegt sich nichts. Sie wagen nicht mehr nach den Mücken zu schlagen, die ihnen in Nase und Ohren kriechen.

»Sind die Hunde angeleint?« flüstert der Forstbeamte.

Ein Nicken von Nikolai.

Sacht drängt die Dämmerung und nichts geschieht. Als der

Forstbeamte gerade aufstehen will, um in die Hütte zu gehen, stößt ihn der Jäger an. Eine Kopfbewegung nach dem See hin.

Vorsichtig, Schritt für Schritt, schiebt sich ein hellgrauer Fleck hinter den Kiefern auf das Ufer zu. Die rostroten Stämme decken den Renhirsch noch. Kyrill Maximowitsch sucht den Kopf, das Geweih. Es ist hoch gewachsen, vielverzweigt, aber die Enden sind noch kurze Stümpfe, die der Bast schützt. Kein Laut von den vier Menschen, und der Renhirsch so nahe, daß manchmal das Klappern seiner Afterklauen bis zu ihnen herüberdringt. Er bückt sich, zupft an den Gräsern, und wenn er den Kopf sichernd hochwirft, fliegt die lange Mähne.

Ruhig zieht er weiter. Jetzt deckt ihn das Birkengestrüpp. Nach den nächsten Schritten sind Kopf und Brust zu sehen. Hochaufgerichtet setzt das Wild Huf vor Huf. Ahnungslos und einsam steht es am See, um Hunger und Durst zu stillen. Viele Abende ist es schon hierhergekommen, und weder Lichter noch Lauscher haben etwas Verdächtiges aufgenommen.

»Schieß doch, Herr! Warum schießt du nicht?« Das Flüstern an Kyrill Maximowitschs Ohr ist heiser. Aber die Büchse bleibt auf dem Moos liegen.

Plötzlich fährt Graukopf in die Höhe. Die ganze Zeit hat er mit Donka, eng an den Boden gedrückt, dagelegen, bebend vor Erregung. Er reißt an der Leine, er will hinunter. Zu stark ist die Witterung des Rens. Das Wild schreckt im hastigen Sprung, es steht frei, einen Atemzug lang. Dann jagt der Renhirsch herum und setzt in wilden Fluchten dem Wald zu.

Als Kyrill Maximowitsch neben sich greift, faßt er anstelle des Gewehrschaftes auf die Faust des Jägers. Er dreht ihm langsam das Gesicht zu.

»Also du hast es tun wollen! Gut, daß du es gelassen hast«, sagt er, und als er sieht, wie Nikolais Vater mühsam sein Jagdfieber bezwingt, wie er die Hände von der Waffe nimmt und ein wenig vornüber fällt, spricht der Forstbeamte weiter:

»Du sollst damit schießen, wenn es an der Zeit sein wird.«

Der Jäger gibt keine Antwort.

Nikolai überkommt wieder die Wut. Er hat gesehen, wie es den Vater packte, als der Herr da, dieser Schlappschwanz, nicht schoß. Ein Forstbeamter will er sein, ein Gewehr hat er wie Wassiljew, und drüben steht ein Renhirsch. Steht da wie in einem Bilderbuch von der Lehrerin, und der da sitzt hier, als ob er gekommen wäre, das Osterfest zu feiern! Und neben ihm muß der Vater sitzen mit leeren Händen, der Vater, von dem alle sagen,

daß er der beste Jäger sei, der sich sogar an Bären traut wie keiner, der Vater, dem das Herz nur so schlägt, wenn er ein Stück Wild vor sich hat – er darf nicht schießen! Nikolai hat gesehen, wie Vaters Hände nach dem Gewehr fuhren. Warum hat er nicht geschossen? Er hätte nicht gefehlt! Und nun muß er sich noch sagen lassen, daß er schießen darf, wenn es an der Zeit sein wird. Nikolai möchte lachen, nein, heulen möchte er, nein, schreien! Am liebsten möchte er die Faust heben gegen den Herrn dort, weil es der Vater nicht tut.

Aus Wut über die Leine, die ihn am Davonhetzen hindert, fängt Graukopf mit Donka Händel an. Er fährt ihm knurrend in den Nacken, und Donka bleibt ihm nichts schuldig.

»Bestien!« sagt Ibrahim Karalkan und zerrt sie auseinander.

Kyra drängt sich an ihren Vater.

»Ich bin glücklich, daß du dem Renhirsch das Leben geschenkt hast. Weißt du, Väterchen, als er so dastand, so ganz allein, da – ich weiß nicht, wie ich dir sagen soll, was ich dachte. Es war nicht nur Mitleid, es war, als ob er zu uns gehörte, mehr noch zu dir als zu mir. Denn manchmal stehst du auch so allein da.«

»Ich habe doch dich, Seelchen«, sagt Kyrill Maximowitsch und streicht ihr über das Haar. Aber er denkt: sie hat ganz recht. Die Verbundenheit mit der Kreatur ist es, die mich das Gewehr so selten heben läßt und die in Rußland kaum und in Sibirien überhaupt nicht zu finden ist.

Als sie alle auf dem Lager sind und vor Mückengesirr nicht einschlafen können, sagt der Forstbeamte:

»Warum ist es so schwer für dich, Ibrahim, zu begreifen, daß ein Jäger nicht nur schießen darf, sondern auch schützen muß?«

»Die Jagd ist unser Brot, Herr.«

»Aber die Tatsache, daß in der Nähe der Siedlungen, trotz der Wälder und Heiden, kaum noch Wild steht, müßte euch doch sagen, daß ihr etwas falsch gemacht habt.«

»Wieso, Herr? In Sibirien ist die Jagd immer für jeden frei gewesen, solange hier Menschen leben. Die Alten erzählen es. Wie können wir etwas falsch gemacht haben? Daß die Jagd früher mehr einbrachte, mag sein, aber wenn es heute nicht mehr so ist, müssen wir eben tiefer in die Taiga hinein.«

»Und wie lange, meinst du, wird das Wild dort noch stehen?«

»Wie lange? Nun, Herr, solange ich noch jagen kann, gewiß.«

»Erstens ist das gar nicht gewiß, und zweitens: was wird dein Nikolai schießen, wenn keiner daran denkt, auch zu hegen?«

Eine Weile bleibt es still. Dann sagt der Jäger:

»Ach, Herr, so schlimm, wie du denkst, wird es nicht werden.«

»So! Meinst du! Wie viele Zobel hast du im vergangenen Winter gefangen?«

»Zobel? – Damit ist es schlecht. Drei waren es, Herr, und das Jahr vorher nur ein einziger. Und dabei habe ich meinen Donka, der ein guter Zobelhund ist!«

»Aha! Weißt du, wieviel Zobel ein Jäger vor zwanzig Jahren noch in einem Winter heimbrachte? Fünfzehn mindestens!«

»Das muß eine bessere Zeit gewesen sein als heute.«

»Und warum ist die Zobeljagd so miserabel geworden? Weil jeder den wertvollen Tieren nachgestellt hat, solange eins zu spüren war. Und das andere Wild wird denselben Weg gehen.«

Diesmal bleibt es noch länger still, bevor Nikolais Vater etwas erwidert.

»Wäre ich ein Bauer, Herr, dann würde ich jetzt sagen: was sollen wir machen? Wir sind arm, und unsere Felder geben wenig her . . .«

»Weil eure Hakenpflüge den Boden zu wenig aufreißen und weil ihr alles stehen und liegen laßt, wenn euch der Sinn nach Schießen steht!«

»Jaja, Herr, aber ich bin ein Jäger, und ich muß jagen, weil ich nicht zugrunde gehen will. Glaub mir, niemand hier wird dich verstehen!«

Da ist der Forstbeamte mit seiner Geduld am Ende.

»Ja, zum Donnerwetter noch mal!« schreit er, »wenn ihr schon nicht begreift, daß ihr kein Recht habt, Gottes Geschöpfe einfach auszurotten, so müßtet ihr doch wenigstens einsehen, daß ihr euch damit ins eigene Fleisch schneidet.«

Danach ist nichts mehr zu hören als das vielfache Mückensummen. Nur viel später flüstert Nikolai noch einmal:

»Glaubst du, daß es so wird, wie er sagt, Vater?«

»Abwarten.«

»Abwarten? Aber dann wäre es doch zu spät!«

Der Fischräuber

Bei der letzten Siedlung ist es das gleiche Lied wie bei der ersten.

»Die paar Schlingen, die wir legen, die paar Fallen, die wir stellen, Herr, davon kann doch das Wild nicht alle werden! Nein, du siehst zu schwarz!« bekommt der Forstbeamte zu hören. Sein Gesicht wird immer finsterer. Ibrahim Karalkan dagegen wird zuversichtlich. Es ist gut, was ihm die Leute sagen, das wird ihm bald die Lust nehmen, und er wird dorthin fahren, woher er gekommen ist.

Als sie bei einem der Bauern in der Hütte sitzen, steht plötzlich ein fremder Mann in der Stube. Er ist nicht groß, mager, hat ein runzliges Gesicht und einen verfilzten grauen Bart.

»Grüß Gott, Grigori!« sagt der Bauer, »na, was willst du, Brüderchen?«

»Ich will zu dem Herrn mit dem guten großen Gewehr.«

»Der Herr hat einen weiten Weg gemacht, Grigori. Der Herr will sich ausruhen.«

Der Forstbeamte winkt ab.

»Was ist?« fragt er.

»Ja, das ist so, Herr: ich bin Fischer, mußt du wissen, aber das Altwasser drüben hat nur wenige Fische um diese Zeit. Nun, das wäre nicht weiter schlimm, wenn nur der Bär nicht käme. Immer, wenn ich die Reusen wieder in Ordnung habe, kommt er und macht sie kaputt, frißt sich satt, die Fische sind frei, und ich habe das Nachsehen. Vorhin, als du mit den Leuten geredet hast, war ich mit dem Boot draußen. Aber meine Frau hat gesehen, daß du ein großes Gewehr mithast. Könntest du mir nicht helfen, Herr? Schieß den Bären! Mein Gewehr ist nur klein. Für die Enten reicht es, aber für Michail Iwanowitsch ...«

»Ich komme mit dir.«

Schnell beenden sie die einfache Mahlzeit und machen sich mit dem Fischer auf den Weg. Sie lassen die Boote im Dorf und nehmen nur Tee, Zucker, Brot und Zwieback mit. Als der Forstbeamte die Patronen einsteckt, sagt er:

»Willst du das Gewehr meiner Tochter, Kaukasier? Es hat nur einen Kugellauf, aber für den anderen Lauf gebe ich dir Patronen mit grobem Schrot.«

»Danke, Herr«, sagt der Jäger, und mit einemmal ist ihm, als halte er mit dem Gewehr ein Stück seines früheren freien Lebens in der Hand, und der Mann dort wäre nicht mehr sein Feind, sondern sein Jagdgenosse.

Da sieht man es also, denkt Nikolai, wenn es um einen Bären geht, gibt er dem Vater auch ein Rohr, weil er sich allein nicht traut.

Als sie zur Hütte kommen, knurren ihnen zwei Hunde entgegen. Mit gesträubtem Nackenhaar schleichen sie sich an Graukopf und Donka heran. Nikolai, der den wilden Graukopf an der Leine hält, wird kaum mit ihm fertig. Der Fischer versucht, die Hunde davonzuscheuchen, aber besonders einer von ihnen kommt immer näher. Ibrahim Karalkan faßt selbst nach Graukopf und läßt den angriffslustigen Fischerhund nicht aus den Augen.

»Du wolltest doch eine Laika kaufen, Herr«, sagt Nikolais Vater. »Wenn du eine willst, die auf Bären gut ist, dann kauf dem Fischer diese ab. Du wirst kaum eine bessere finden.«

»Woran merkst du das?«

»Du mußt auf die Augen achten, Herr. Sie werden ganz schwarz, wenn den Hund etwas aufregt.«

»Täuschst du dich nicht?«

»Nein, Herr, es ist wie bei meinem Graukopf.«

Nikolai und Kyra beziehen einen Schuppen, in dem der Fischer Netze, Angeln, Ruder, Pflöcke und Körbe verstaut hat, der aber, nachdem die Hälfte vor die Tür geworfen ist, genügend Platz für ein Lager bietet, das besser ist als in der stickigen, niedrigen Stube. Ein paar Decken und Felle werden ausgebreitet, dann ziehen die Männer davon.

Mit angezogenen Knien hockt Nikolai im Schuppen. Er ist den ganzen Tag schweigsam gewesen, und auch jetzt starrt er in Gedanken vor sich hin. Das Gespräch zwischen dem Vater und dem Forstbeamten am Abend vorher geht ihm nicht aus dem Kopf.

Auf der anderen Seite des Lagers sitzt Kyra. Sie hat ihre Stiefel ausgezogen, und die bloßen Füße trifft eine Lichtbahn, die durch einen Ritz im Hüttendach fällt.

»Es ist langweilig, hier herumzusitzen«, sagt sie.

Keine Erwiderung von Nikolai. Sie dreht den Kopf nach ihm, aber er sitzt zu weit, als daß sie an seinem Gesicht erkennen könnte, ob er auf sie gehört hat.

»Ich habe gesagt, daß es mir langweilig ist!« spricht sie lauter.

»Na und?« fährt Nikolai auf. »Soll ich dir vielleicht etwas vorsingen? – Was denkst du denn, wie langweilig es mir ist? Wärst du nicht hier, hätte ich mitgehen dürfen. So kann ich dich hüten, als ob ich eine Großmutter wäre.«

»Und du würdest zu Hause sitzen, wenn ich nicht mitgekommen wäre. Du bist ekelhaft, Nikolai!«

»Verdanke ich also dir die große Ehre, daß ich diese Fahrt mitmachen darf?«

»Ja!«

»Wenn ich das gewußt hätte! Warum sollte ich eigentlich mit?«

»Weil – weil ich dich leiden mag.«

»Du hast mich doch überhaupt nicht gekannt.«

»O ja. Damals, als mein Vater mit dem Gespann zu euch kam – du weißt schon – damals habe ich gemerkt, daß dir dein Vater ebensoviel wert ist wie mir mein Väterchen. Von diesem Augenblick an mochte ich dich leiden. Außerdem bist du klüger als die anderen aus dem Dorf. Ich weiß es von der Lehrerin. – Und jetzt gehe ich hinunter zum Wasser und wasch' mir die Füße. Kommst du mit?«

»Du willst wohl den Bären verscheuchen?« fragt Nikolai.

»Ach was! Der Fischer hat gesagt: um diese Zeit kommt er noch nicht. Außerdem kennt er Menschen. Grigori paddelt doch auf dem See herum! Also, kommst du mit oder hast du Angst?« fragt Kyra herausfordernd.

»Das mußt du mir gerade sagen!«

Das alte Flußbett ist lang und nicht sehr breit, aber das Wasser ist klar und das Ufer ein grasbewachsener Streifen. Zuerst planscht Kyra im seichten Wasser, dann sucht sie sich flache Steine und läßt sie über die blanke Oberfläche sausen. Der erste springt drei-, der zweite einmal, der dritte gar nicht.

»Paß auf!« sagt Nikolai, »wie das bei mir geht!« Er bückt sich, holt aus – der Stein schnellt über das Wasser.

»Viermal, fünfmal«, zählt Kyra. »Gut, du! Das muß ich auch fertigbringen.« Aber wieder verrinnen nur zwei Kreise größer und größer werdend ineinander. Und abermals sind es fünf bei Nikolai.

»Es muß daran liegen, daß du größer bist und längere Arme hast als ich.«

»Ach woher! Es liegt daran, daß ich den Stein flacher werfe. So mußt du das machen!«

Kyra versucht es, aber es klappt nicht.

»Ich hab' genug«, sagt sie, »du hast gewonnen. Als meine Mutter noch lebte, durfte ich mir immer etwas wünschen, wenn ich gewonnen hatte. Was würdest du dir wünschen, wenn du es könntest?«

Nikolai macht ein ratloses Gesicht.

»Vielleicht, daß die Mücken nicht so stechen.«

Kyra lacht laut.

»Oder daß Vater den Bären schießt.«

»Alles nichts!« sagt Kyra. »Ich hätte mir eine Schachtel Konfekt gewünscht, oder eine Fahrt mit der Straßenbahn!«

»Was ist das? Ich weiß nicht, wovon du sprichst.«

»Konfekt ist was Süßes zum Essen aus Schokolade und Creme, und eine Straßenbahn, das sind viele Wagen ohne Pferde, die ganz von selbst durch die Straßen fahren.«

Jetzt lacht Nikolai.

»Kyra, du redest, als ob du verdreht im Kopf wärst!«

»Nein, Nikolai, es ist wirklich so. Soll ich dir von Petersburg erzählen? Dann komm, gehen wir in die Heide hinüber, da werden meine Füße trocken. Vielleicht finden wir auch Blaubeeren.« Sie schlürft erst noch einige Schritte über den Sand und gräbt mit ihren Zehen darin.

Mit einemmal reißt Nikolai sie zur Seite, daß sie stolpert und rückwärts hinfällt.

»Was soll das, du?« schimpft sie, als sie wieder aufsteht.

»Hast du es nicht gesehen? Dort, wo du eben hintreten wolltest, ist ein Eisen vergraben!«

»Was für ein Eisen?«

»Für den Otter. Der Fischer wird sich auch mit diesem Räuber herumärgern müssen. Wahrscheinlich liegt es schon seit dem Frühjahr oder gar vom Winter hier, als das Wasser noch höher stand. Damals wird das Eisen davon bedeckt gewesen sein, und jetzt, da weniger Wasser im Bett ist, liegt es frei. Glaub' kaum, daß der Otter jetzt hineingeht. Um diese Zeit findet er überall Nahrung und Plätze zum Sonnen. Aber im Winter, wenn auf den Flüssen das Eis liegt, da macht es Spaß, den Otter zu jagen. Daheim sind immer welche. Machst du mal mit, Kyra?«

Sie weiß im Innersten nicht, ob sie ja sagen soll. Aber sie mag ihn gern, wenn er aufgetaut ist, wenn er nicht nur ruppige, mürrische Antworten gibt.

»Ich mache mit, Kolja«, sagt sie. »Aber warum nimmt der Fischer das Eisen nicht weg? Es ist doch gefährlich!«

»Bei uns ist manches gefährlich, und die Männer hätten viel zu tun, jede Falle und jede Schlinge wegzunehmen. Meistens vergessen sie es auch.«

Kyra ist in Gedanken schon wieder bereit ihm vorzuhalten, wie verwerflich das ist. Aber sie läßt es. Sie will einmal keinen Streit mit ihm.

Die Blaubeeren, die sie finden, sind noch hart und haben wenig Geschmack. Trotzdem sucht Kyra weiter, und als sie eine Stelle findet, wo das Kraut so hoch steht, daß sie sich kaum zu bücken braucht, ruft sie Nikolai neben sich. Sie pflücken jeder eine Handvoll und wollen weiter, da tippt Nikolai an Kyras Arm. Mit dem Kopf zeigt er zu einer Zirbelkiefer hin, an der zwei graue Eichhörnchen auf und ab flitzen.

»Burunduks«, sagt er leise.

Die Eichhörnchen jagen über das Moos, turnen wieder am Baumstamm empor, huschen abwärts, machen Männchen und lassen sich nicht stören, eine Zirbelnuß zu knacken, die sie im Moos gefunden haben.

»Ich möchte sie haben«, sagt Kyra.

»Du hast doch kein Gewehr!«

»Gewehr!« zischt sie böse, »lebend möchte ich sie! Wie macht man das?«

»Ich weiß nicht.«

»Hätte ich mir denken können!«

Die grauen Flitzer jagen dem Walde zu, und Kyra geht ihnen nach. Manchmal sind sie verschwunden, dann tauchen sie plötzlich wieder auf. Neugierig blicken die schwarzen Knopfaugen, im Männchenmachen recken sie den Kopf zu den beiden hin, dann verstecken sie sich wieder.

Nikolai kommt hinter Kyra her.

»Laß uns umkehren!« sagt er. »Ich weiß nicht, wohin der Fischer deinen Vater geführt hat. Es könnte gefährlich werden.«

»Wie ein Bär sehen wir beide nicht aus! Mein Vater hat außerdem sein Glas.«

»Trotzdem. Die Burunduks kriegst du sowieso nicht!«

»Na gut.«

Sie sind kaum ein paar Schritte gegangen, als drüben auf der anderen Seite des Wassers ein Schuß fällt. Im Augenblick stehen die beiden wie angewurzelt. Sie lauschen . . .

Nichts.

»Komm, laß uns laufen! Man weiß nicht, ob er gleich mit dem ersten Schuß . . .«

Da kracht es wieder!

»Jetzt brauchen wir nicht zu rennen«, sagt Kyra, »nun hat's ihn bestimmt erwischt!«

»War es dein Gewehr?«

»Beide Schüsse kamen von Vaters Drilling!« Kyra sagt es voller Stolz.

Da hören sie plötzlich die Hunde. Ein wütendes Bellen setzt ein, als wäre eine ganze Meute unterwegs. Lauschend gehen sie weiter.

»Graukopf wird ihn wieder zerreißen wollen«, sagt Nikolai. »Graukopf ist die beste Bärenlaika, soweit du auch fragst. Er . . .«

Weiter kommt Nikolai nicht. Im nächsten Augenblick hören sie ein Stampfen und Brechen, ein Schnaufen und Fauchen, und zwei Schritte vor ihnen bewegt sich das hohe Gras, und ein mächtiges Tier rast auf sie zu. Nikolai reißt Kyra zurück, sie fallen hin, er deckt sie mit seinem Oberkörper und hält ihr den Mund mit beiden Händen zu. Sein einziger Gedanke: hat uns der Bär gesehen?

Wenn ja, dann wird er uns angreifen! Ich habe nichts als ein kleines Messer. Aber ein Messer ist zwecklos, auch wenn es ein großes wäre. Plötzlich sehen sie den Bären vor sich, sie sehen, wie er die Unterlippe herabzieht, mit den Vorderbranten durch die Luft schlägt – dann ist er mit einem riesigen Satz an ihnen vorbei!

Sie wissen nicht, was ihn veranlaßt hat, weiterzurasen. Sie sehen nicht seine kopflose Flucht. Erst als die drei Hunde an ihnen vorüberpreschen, kommen sie zur Besinnung.

»Nikolai!« flüstert Kyra und richtet sich auf. »Oh, Nikolai!« Sie lehnt sich an ihn und beginnt zu schluchzen.

»Komm!« sagt er und faßt sie an der Hand, »laß uns schnell laufen. Wenn uns dein Vater hier findet!«

Sie will aufstehen, aber ihre Knie sind ganz weich.

»Ich kann nicht – ich kann nicht!«

»Du kannst! Los! Der Bär ist fort.«

»Und wenn er noch einmal kommt?«

»Er ist dort, wo die Hunde sind. Hör doch!« Er zerrt sie auf und zieht sie am Arm hinter sich her.

Sie zittert und schluchzt noch, als sie den Schuppen erreichen. Wie ein Klotz läßt sie sich auf das Lager fallen.

»Nimm dich zusammen!« sagt Nikolai, »er hat uns doch nichts getan.«

»Aber es war doch nur ein Glücksfall!«

»Natürlich. Es ist so vieles nur ein Glücksfall bei der Jagd.«

»Hast du seinen Rachen gesehen und die kleinen bösen Augen?«

»Natürlich, ich bin doch nicht blind. Aber jetzt sprich von etwas anderem. – Ich werde Tee kochen, nicht?« Und während er das Holz vor dem Schuppen anzündet, denkt er: warum hatte ich kein Gewehr? Dann hätte sie keine Angst zu haben brauchen. Und nach einer Weile: seltsam, warum denke ich nicht: gut, daß sie einen solchen Schrecken bekommen hat, nun wird sie schleunigst heim wollen. Dann sind wir sie los.

Es ist dunstig über der Heide, und vom Wiesenufer zieht ein Geruch von trockenem Gras zu ihnen, als sie die Hunde hören. Sie jiffeln schon ganz in der Nähe, und Kyra und Nikolai springen auf. Da hören sie auch die Männerstimmen.

»Habt ihr ihn?« schreit Nikolai durch die hohlen Hände.

»Ja!« kommt es zurück.

Dann sehen sie, wie Graukopf um Nikolais Vater herumspringt, der die schwere Bärenhaut trägt. Kyra und Nikolai rennen den Männern entgegen.

»Hast du ihn getroffen?« fragt Kyra und schiebt ihre Hand unter Vaters Arm.

»Ja, zweimal. Aber er war nicht tot. Er schwamm durchs Altwasser, raste über die Heide in den Wald, die Hunde hinterher. Wir setzten im Kahn über, und währenddessen hatte ihn Graukopf gestellt. Er saß dem Bären in den Keulen, und hier, dieser freche Köter, hing ihm im Nacken, als Nikolais Vater den Bären im Dickicht fand. Er wollte sofort auf ihn los, aber Nikolais Vater war schneller. Er schoß ihm genau zwischen die Augen. Da fiel er um. Leider taugt sein Fell nicht viel.«

»Hauptsache, er ist tot, Väterchen!«

»Nanu, hast du Angst gehabt?«

Sie sind fast an der Hütte angelangt.

»Das Wasser für den Tee kocht schon, Herr!« sagt Nikolai schnell.

»Gut, Nikolai. Dann nimm die Flasche aus dem Rucksack und gieß uns einen tüchtigen Schluck Wodka in die Becher, bevor du den Tee hineinschüttest.«

»Ja, Herr.«

Während der Forstbeamte am anderen Morgen mit dem Fischer um den Hund feilscht, salzt Nikolais Vater die Bärenhaut, schlägt sie zusammen und macht ein Bündel daraus.

Die Hunde liegen träge und mit Bärenfleisch vollgefressen ein Stück vom Schuppen entfernt. Vergeblich lockt Kyra sie zu sich heran.

»Du wirst wohl nie begreifen, daß sie nicht zutraulich sind«, sagt Nikolai. »Mit vollem Bauch schon gar nicht!«

»Ob der Vater den hellen bekommt?«

»Warum nicht? Geld wird der Fischer schon mögen.« Und nachdem sich Nikolai vergewissert hat, daß niemand ihn hören kann, sagt er: »Es ist fein, daß du deinem Vater nichts gesagt hast.«

»Wieso? Du konntest doch nichts dafür.«

»Aber ich hätte vorsichtiger sein müssen«, sagt Nikolai. »Ich weiß doch von meinem Vater, was bei der Bärenjagd alles geschehen kann.«

Kyra beugt schnell den Kopf vor, daß die braunen Locken weit in ihr Gesicht fallen und sagt von unten her:

»Dann haben wir beide jetzt also ein Geheimnis. Wenn zwei ein Geheimnis haben, sind sie miteinander verbunden, nicht?«

Sie wartet keine Antwort ab, sondern spricht schnell weiter.

»Und jetzt sind wir Freunde!«

Nikolai sieht Kyra nach dieser Überrumpelung verständnislos an.

»Freunde? Du und ich?«

»Ja, du und ich. Schlägst du ein?« Sie hält ihm die Hand hin. Nikolai schnauft laut durch die Nase. Als er nach ihrer Hand faßt, denkt er: und ich wollte nie, daß es so weit kommt!

Die Wache am Schlitzbaum

Drückend lastet die Hitze über dem Land. Die hohen Fichtenwälder zu beiden Seiten des Flusses breiten ihre mächtigen Schirmwipfel aus. Das Boot gleitet hin wie unter einem Dach.

Die Glut steigert sich zur Unerträglichkeit. Auch über der Heide brütet die Sonne, aber dort kommt hin und wieder ein Luftzug auf. Die Mücken stürzen auf alles, was Blut in sich hat. Doch die sind es nicht allein. Zu ihnen kommen die großen Bremsen und Fliegen.

Kyra sitzt im Boot, das Gesicht vom Netz, die Hände von Handschuhen geschützt, und stöhnt leise. Sie möchte sich hinlegen und schlafen, und sie weiß doch, daß sie es wegen der vielen Plagegeister nicht kann. Außerdem muß sie ihre Augen auf dem Hund haben, den ihr Vater gekauft hat. Danielka hat sie ihn genannt. Er hat ein helles Fell, fast weiß, mit einem Schimmer ins Gelbliche. Damit unterscheidet er sich von Donka und Graukopf, die beide dunkler sind. Aber Danielka ist gerade so rauflustig wie die anderen beiden. Seine Augen funkeln, und die Fänge sind lang und spitz. Nur in Größe und Stärke steht er hinter Graukopf zurück, der bei jeder Gelegenheit versucht, sich mit Danielka herumzubeißen.

»Wir müssen aufpassen, Herr«, sagt Nikolais Vater, »drei fremde Hunde hat Graukopf schon totgebissen.«

Träge wie die Luft ist auch das Wasser geworden. Weit ist es vom Ufer zurückgetreten. Sie kommen nur langsam voran, obwohl sie mit dem Lauf fahren.

»Laß uns am See rasten, Väterchen. Wir könnten Hühner und Enten schießen, und vielleicht sehen wir den Renhirsch wieder.«

Kyrill Maximowitsch nickt.

Als sie die Hütte erreicht haben, lassen sie sich erst einmal auf das Lager fallen. Aber Ruhe kriegen sie nicht. Trotz eines schwelenden Feuers vor der Hütte finden sich die Mücken ein. Die Hunde werden freigelassen. Wie es ihre Gewohnheit ist, sorgen sie selbst für ihr Futter bei den Ratten- und Mäuselöchern am Wasser. Als Ibrahim Karalkan eine Zeit später nach ihnen pfeift, kommt Graukopf zurück. Von den anderen hören und sehen sie nichts.

Die vier laufen zum See hinunter, rufen – lauschen – vergebens.

»Ach, laß sie, Herr, sie kommen schon wieder«, sagt Nikolai,

»wenn du es erlaubst, werde ich ein bißchen mit der Angel auf den See rudern.«

»Mach das, Nikolai. Ich gehe inzwischen mit Kyra auf Hühnerjagd.«

»Nimm Graukopf mit, Herr. Du sollst einmal sehen, wie er sie hochjagt! Du wirst es leicht ...«

»Still!« Der Forstbeamte packt Nikolai hart am Arm. Vom Wald her ist ein Schrei zu hören gewesen, durchdringend, klagend, voller Todesangst. Und während sie alle horchen, schnieft Graukopf auf, die Augen dunkel vor Erregung. Der buschige, geringelte Schwanz peitscht hin und her. Graukopf legt die Ohren zurück, daß sein spitzer Kopf länger erscheint, als er in Wirklichkeit ist. Im nächsten Augenblick zerrt er wild an der Leine.

Ibrahim Karalkan läßt sie locker, und im Gänsemarsch folgen sie alle dem Hund. Immer schneller rennt Graukopf voran, er springt mühsam durch das hohe Schilfgras, dann durch das dichte Heidegesträuch. In der Bahn, die Ibrahim Karalkan tritt, stapfen die anderen. Selten, daß Graukopf einmal verschnauft, den Kopf hebt und wittert.

Immer undurchdringlicher wird das Dickicht. Die Sträucher schlagen Nikolai und Kyra ins Gesicht und reißen an ihren Kitteln. In Strömen läuft allen der Schweiß herunter, denn die Sonne brennt ihnen wie Glut im Nacken. Sie stolpern voran, stürzen,

ziehen sich wieder hoch und rennen weiter, immer hinter Graukopf her, der mit heraushängender Zunge davonhastet.

Plötzlich fängt er an zu winseln. Er hat einen schmalen Tritt durch das Gebüsch entdeckt. Frische Spuren zeichnen sich auf dem feuchten Moos: ein Wildwechsel. Auf einmal reißt Graukopf an der Leine, daß Ibrahim Karalkan beinahe aus dem Gleichgewicht kommt. Und dann sieht er einen hellen großen Fleck durch die Sträucher schimmern. Der Hund zieht ihn weiter, und schneller drängen die andern. Da stößt Kyra einen Schrei aus und deckt sich die Hände vor das Gesicht: vor ihnen liegt der Renhirsch, blutüberströmt zusammengebrochen. Das große Haupt ist ihnen zugekehrt. Die Augen sind aus den Höhlen getreten und sehen in gräßlicher Qual zu den Menschen hin, denn sein Leib ist von vorn bis hinten aufgeschlitzt und die Eingeweide quellen daraus hervor. Seine Vorderläufe schlagen, als wolle er aufspringen, der schwere Körper ruckt, aber er fällt zurück, und nur die Augen sind es, in denen der ganze Schmerz seines Sterbens steht.

Im nächsten Augenblick beendet das Jagdmesser sein Leiden. Als Kyra die blutigen Hände des Vaters sieht, schreit sie:

»Warum hast du nicht geschossen?«

»Weil ich die Mörder erwischen will! Einen Schuß hätten sie gehört.«

»Was willst du jetzt machen, Vater?«

»Ich werde mich hier ansetzen, bis sie kommen, und wenn ich drei Tage und drei Nächte warten soll!«

»Es kann noch länger dauern«, sagt Ibrahim Karalkan. »Es ist nicht gewiß, daß der Schlitzbaum erst kurze Zeit steht. Vielleicht haben ihn die Jäger vergessen.«

Kyra sieht, wie die Stirnadern ihres Vaters anschwellen. Sie sieht ihn einen Schritt auf den Jäger zugehen.

»Wofür hältst du mich eigentlich, du miserabler Verbannter? Du willst mir wohl einreden, dieses Messer hier – sieh es dir an – das ist schon seit Jahren nicht mehr geschliffen worden, was? Sieht ein Messer, das lange Zeit der Witterung ausgesetzt war, so blank aus wie dieses? Du denkst wohl, ich fürchte mich, das Blut abzuwischen! Seit wann steht dieses Messer hier? — Rede!«

»Nicht lange, Herr. Es ist frisch geschliffen. Aber das Verhau, in dem die Balken stehen, ist schon mit den Sträuchern verwachsen. Du siehst es auch!«

»Natürlich, deshalb hat der Hirsch auch keinen Verdacht geschöpft. Doch die Schnur, die den Balken mit dem Messer hochschnellen läßt, ist frisch gespannt. Aber ich weiß schon, daß du mich hinters Licht führen willst. Vielleicht glaubt er's, hast du gedacht, dann sind die Jäger fein raus. Die Jäger!«

Kyrill Maximowitsch schüttelt die Fäuste vor Ibrahims Brust.

»Die Aasjäger! Die Mörder! Und du bist nicht besser!«

Plötzlich wendet er sich ab, und Graukopf, der dem toten Tier in den Eingeweiden wühlt, erhält einen Schlag über den Rücken. Mit blutbeschmiertem Kopf fährt der Hund zurück.

Als der Forstbeamte dem Kaukasier ins Gesicht sieht, zuckt er unwillkürlich vor der Kälte zurück, die ihm aus den hellen Augen entgegenschlägt. Kein Wort, nicht der Versuch einer Erwiderung, sondern nur diese Kälte, diese eisige Ruhe.

Kyra empfindet es auch, und sie weiß, wie diese Kälte auf den Vater wirkt.

»Was sollen wir nun machen, Väterchen?« fragt sie und faßt nach seiner Faust.

»Du fährst mit dem kleinen Boot ins nächste Dorf und holst den Polizisten, Kaukasier!«

»Ja, Herr.«

»Ihr beiden geht zur Hütte, kocht und legt euch schlafen. Morgen früh bringt ihr mir Tee und Zwieback, wenn ich noch nicht zurück bin. Aber ihr kommt nur bis dorthin, wo der Wildwechsel beginnt! Und kümmert euch um die Hunde!«

»Laß mich doch bei dir bleiben, Väterchen!« Angstvoll reißt Kyra die Augen auf.

»Nein, du gehst! Vergiß nicht, daß meine Augen und Ohren in Ordnung sind und daß ich außer dem Gewehr noch eine Pistole bei mir habe. Und jetzt los!«

Als Ibrahim Karalkan davonrudert, denkt er: Es gibt so viele Möglichkeiten, daß er mich ins Gefängnis bringt. Wenn die Ostjaken das Wild vom Schlitzbaum nicht abholen, dann wird er denken, ich habe sie gewarnt. Wenn ich den Polizisten nicht antreffe, dann wird er denken, es ist nur eine Ausrede.

Was ist mit diesem Mann über mich gekommen? – Ich weiß nicht! Ich weiß nicht! – Ich glaube, die Kette, die ich schon einmal um die Hände getragen habe, kommt hinter mir her . . .

Nikolai redet kein Wort, sooft Kyra ihn auch dazu bewegen möchte. Als sie sagt: »Mach Feuer an!«, bläst er in die Glut. Als sie sagt: »Hol Wasser!«, verschwindet er mit dem Kessel. Als sie sagt: »Kümmere dich um die Hunde!«, stiefelt er davon, und sie hört ihn von weitem nach Danielka und Donka rufen. Kyra ist verzweifelt. Sie muß mit jemandem reden, sie zittert vor Angst um den Vater.

Nikolai kommt zurück, und als er sie am Feuer stehen sieht, verschwindet er in der Hütte. Lange hält sie es nicht aus, dann geht sie auch hinein. Gleich darauf stellt Nikolai sich draußen neben die Hüttentür. Da springt Kyra vom Lager, ist mit zwei Sätzen neben ihm und faßt ihn am Handgelenk.

»Was hast du, Nikolai, ich denke, wir sind Freunde?«

Sein höhnisches Gelächter läßt sie zurückfahren.

»Wir Freunde? Wir werden nie Freunde sein können! Du, die Tochter eines zaristischen Forstbeamten, und ich, der Sohn eines miserablen Verbannten. So etwas geht eben nicht! – Laß mich los!« schreit er und schüttelt mit seinem Arm.

»Das hat doch mein Vater nicht so gemeint!«

»Dein Vater! Dein Vater mit seinem edlen Herzen für die Tiere! Er sollte erst einmal versuchen, uns Sibirier mit anderen Augen zu sehen. Ich will dir mal etwas sagen: ich habe mir alles gut gemerkt, was dein Vater zu den Leuten gesagt hat, und wie er selbst gehandelt hat. Vor ein paar Tagen war ich soweit, daß ich dachte: es ist schon etwas daran, wenn er sagt, daß wir kein Recht haben, die Tiere auszurotten, denn sie seien auch von Gott geschaffen. Aber was er jetzt vorhat, das ist eine ganz große Niederträchtigkeit. Aber so sind sie alle, die über uns stehen. Sie glauben, daß sie mit uns machen können, was sie wollen. In Sibirien ist immer so gejagt worden, und wenn es hundertmal falsch war. Denkst du vielleicht, die Leute werden jetzt von einem Tag zum andern begreifen, daß sie es nicht mehr dürfen?«

»Aber einmal muß man damit anfangen, das Wild zu schonen. Nur weil es immer so war, kann man doch nicht warten, bis das letzte Stück umgebracht ist!«

»Ja, ja, dein Vater hat sich alles schön ausgetüftelt.«

»Vergiß nicht, Nikolai, mein Vater ist im Auftrag des Zaren hier!«

»Des Zaren? Na, wenn schon! Aber das merke dir: wenn er meinen Vater noch einmal beschimpft oder wenn er ihn gar schlagen würde, dann . . .«

Kyra legt Nikolai blitzschnell die Hand auf den Mund.

»Mein Vater ist ein Hitzkopf, und deiner ist sehr stolz«, sagt Kyra und sieht hinüber zum See.

»Stolz?« sagt Nikolai, »nein, das siehst du falsch. Er hat es nur gelernt, sich bei allem, was ihm begegnet, im Zaum zu halten, das ist es! Aber ich freue mich, daß du es gemerkt hast. Gute Nacht!«

In diesem Augenblick sieht Nikolai ebenso kühl und überlegen aus wie sein Vater.

Der Forstbeamte wartet indessen Stunde um Stunde. Von niedrigen Kiefern abgeschirmt, steht er und lauscht auf jedes Geräusch, die Pistole schußbereit in den Händen.

Zuerst halten das verendete Ren und die großen Blutlachen auf dem Moosboden die Fliegen und Bremsen davon ab, sich auf ihn zu stürzen. Aber je weiter der Abend geht, desto unerträglicher summt es um ihn.

Trotz des Lauschens hat er Zeit, seinen Gedanken nachzuhängen.

Wird es annähernd gelingen, was ich mir vorgenommen habe? Wird nicht alle Mühe an dem Widerwillen der Sibirier scheitern? Wenn ich es nicht schaffe, ihnen die Liebe zum Tier in ihre denkfaulen Köpfe und in ihre trägen Herzen zu pflanzen, dann wird alles vergebens sein. Es sei denn, ich versuche es mit Gewalt. Aber damit werde ich sie störrisch machen wie Kamele. – Und ich werde dennoch nicht umkehren. Ich bleibe hier. Kein Land ist so sehr dafür geschaffen, Tiere zu erhalten, wie Sibirien mit seinen Urwäldern. Es soll mir nicht zuviel sein. Vielleicht stehe ich einmal nicht mehr allein da mit meinen Ideen, aber es wird lange dauern, denn selbst in Rußland sind es ja nur wenige, die mich verstehen. Wenn ich nur nicht so leicht die Geduld verlieren würde! Ich müßte hiesige Menschen gewinnen, in denen die andern nicht fortwährend lästige Beamten sehen.

Mit jedem Lufthauch kommt der Geruch des toten Rens zu Kyrill Maximowitsch. Ein Pfeifchen wäre gut, aber verräterisch. Er hockt unbeweglich. Wenn niemand kommt, hat der Kaukasier sie vielleicht gewarnt, denkt er, als die Dunkelheit tiefer und tiefer wird. Wie Blei setzt sich die Müdigkeit in seine Glieder. Er legt den Kopf auf die Knie und döst. Wie viele Male hat ihn schon ein Knacken hochfahren lassen. Er wertet es auch diesmal nicht höher und dämmert ein.

Als er aufwacht, ist es kühl. Die Mücken sind erträglich, aber das Ren mit dem offenen Leib stinkt immer übler. Irgend etwas muß die Kerle gewarnt haben, denkt er wieder. Er reckt sich vorsichtig, schaut zum Tier hinüber – da stockt ihm der Atem. Zwei Gestalten wie unwirkliche Schatten machen sich daran zu schaffen. Lautlos, so wie sie gekommen sind.

Im Erschrecken des Überrumpeltseins zittern dem Forstbeamten die Hände, dann hebt er die Pistole. Im nächsten Augenblick springt er aus seiner Deckung hervor.

»Halt und die Hände hoch!« schreit er.

Die beiden Gestalten fahren auf, eine schnelle Wendung in der Finsternis – da krachen schon die Schüsse. Der Forstbeamte, der hinter den Gestalten herrennt, stolpert, fühlt Haare unter seinen Händen, bleibt hocken und schießt abermals. Aber die zweite Gestalt bleibt verschwunden.

»Steh auf!« schreit er, »aber schnell!« Als er ein Stöhnen hört, hilft er mit dem Stiefel nach. »Mach schon, du Hundesohn, dir ist nichts passiert. Ich habe in die Luft geschossen, aber denke nicht, daß ich meine Pistole immer in diese Richtung halte!« –

Kyra steht vor der Hütte, als sie den Vater mit dem Ostjaken durch den Frühdunst über die Wiesen kommen sieht.

»Er hat ihn!« ruft sie in die Hütte, »los, Nikolai, steh auf und koch Tee!«

Nikolai rafft sich vom Lager hoch. Er hat ihn! Ein galliger Geschmack liegt ihm auf der Zunge. Und wer wird ihn bewachen, den armen Kerl, bis der Vater mit dem Polizisten kommt? Ich nicht! Ich nicht! Mag er es selber tun, der Herr, oder das langhaarige Balg!

Nikolai späht durch den Spalt zwischen Tür und Hüttenwand. An dem bartlosen Gesicht erkennt er, daß der Gefangene ein Ostjake ist. Die Hände hat ihm der Forstbeamte auf den Rücken gebunden. Wenn ich so gehen müßte, denkt Nikolai, oder gar der Vater! Der Schweiß tritt ihm auf die Stirn. Er wendet sich ab und kratzt die Asche von der Feuerstelle.

Gegen Mittag klettert ein baumlanger Polizist mit einem knochigen Gesicht und dürren Händen hinter Ibrahim Karalkan aus dem Boot.

»Da hast du also schon so einen Hundesohn erwischt, Herr«, sagt er, nachdem er sich ehrfürchtig vor dem Forstbeamten verneigt hat.

»Komm nur, du Lump, du Landstreicher! Die Ratten und Mäuse im Arresthäuschen werden sich freuen, daß sie Gesellschaft kriegen!« Und schon saust dem Ostjaken die Nagaika über den Rücken.

»Laß das!« fährt der Forstbeamte den Polizisten an.

»Aber, Herr, das ist die einzige Sprache, die sie verstehen!«

Der Ostjake ist ein junger Mann. Er hockt zusammengekauert am Boden und hält den Kopf gesenkt. Nur wenn er sich unbeobachtet glaubt, schielt er verstohlen unter der Stirn hervor.

»Wirst du warten, bis der Friedensrichter ins Dorf kommt, Herr?« fragt der Polizist. »Oder soll ich das für dich erledigen? Ich habe nämlich strenge Anweisung vom Gouverneur, daß ich dir helfen soll, wo ich kann.«

»Ich bleibe. Mir wird die Zeit nicht lang. Ich werde das Land hier in der Umgebung vermessen.«

»Für neue Ansiedler, Herr, ich weiß!« Der Polizist stellt sich mit dem Forstbeamten sehr vertraulich. »Du bist schon ein kluger Kopf, Herr!«

Nikolai und der Vater sorgen für die Mittagsmahlzeit. Sie braten Hechte, die Nikolai am Vormittag geangelt hat. Als der Vater dem Gefangenen seinen Teil hinüberreicht, flüstert der Ostjake: »Hilf mir!«

Einen Augenblick lang sehen sie sich an, und der Vater denkt: wer weiß, wann ich so sitze wie er. Dann zuckt er die Achseln. Da spuckt der Ostjake vor ihm ins Moos.

Nur Nikolai hat das alles aus einiger Entfernung beobachtet. Heiß schießt ihm das Blut in den Kopf, und es drängt ihn neben den Vater.

»Schmeckt es dir, Väterchen?« fragt er. »Hast du auch genug Salz?« Der Vater nickt.

»Du wirst müde sein von der langen Fahrt, ich werde nachher für dich rudern!«

»Wir rudern zusammen, Kolja.« Der Vater sagt es ganz ruhig, und Nikolai kann das nicht fassen.

Eine Woche lang warten sie im Dorf auf den Richter, der den Ostjaken verurteilen soll. Als er mit seinem Gespann eingetroffen ist und beim Bürgermeister mit dem Forstbeamten zusammensitzt, lächelt er undurchsichtig vor sich hin.

»Wegen eines Schlitzbaumes soll ich den Kerl verurteilen, Kyrill Maximowitsch? Ist das nicht ein bißchen wenig, wenn er sonst nichts verbrochen hat? Ich weiß nicht, was daran schlimm ist. Ob geschossen oder in dieser Falle – tot ist das Wild am Ende so oder so.«

»Haben Sie schon einmal ein Wild im Schlitzbaum verenden sehen?«

Das Lächeln verändert sich nicht. »Nein.«

»Schade. Wahrscheinlich würden Sie dann anders reden.«

»Eine Frage darf ich mir erlauben, Kyrill Maximowitsch. Haben Sie ein Stück Wild noch nie waidwund geschossen?«

»Doch, das kann dem besten Schützen passieren.«

»Eben. Und ist das Sterben dann leichter?«

»Ein guter Waidmann wird alles, aber auch alles daransetzen, es dem Wild leichtzumachen – aber darum geht es doch nicht! Wenn ich schieße, dann weiß ich, was ich treffen werde. In diese gräßlichen Fallen aber geht alles hinein, ob Muttertier, ob Kalb, ob Hirsch. Und den Jägern selbst können sie ebenso gefährlich werden! Begreifen Sie denn nicht, um was es mir geht?«

»Doch, schon, sonst würde ich den Ostjaken nicht verurteilen. Schließlich hat er auch gegen Ihre Anordnung verstoßen. Aber eines will ich Ihnen sagen: Sie werden viele Gegner bekommen,

Kyrill Maximowitsch, um nicht zu sagen – Feinde! Seien Sie vorsichtig! Und jetzt würde ich vorschlagen, den Ostjaken holen zu lassen. Ich werde ihn ein halbes Jahr ins Gefängnis stecken. Das wird ihn hart genug treffen und der ganzen Gesellschaft gehörigen Respekt einflößen.«

Die Taiga brennt

Am nächsten Tage fahren sie weiter flußabwärts. Nur der Bürgermeister steht am Ufer und sieht ihnen nach. Sonst hat sich keiner eingefunden, nicht einmal ein paar Kinder.

Sie müssen sich ganz in der Mitte des Wassers halten, denn seit Wochen steht die Sonne von früh bis in den späten Abend sengend über dem Land. Breit tritt der Ufersand hervor, abgerückt vom Fluß sind Sträucher und Wiesen.

Wieder einmal verbringen sie die Nacht in einer Jagdhütte. Sie liegt ein wenig abseits, aber es ist ein fester Bau mit einem guten Lager, mit kleinen Glasfenstern und einem richtigen Ofen. Müde und zerschlagen von der Hitze wollen sie die Boote erst auf dem Sand liegen lassen, aber dann entscheiden sie sich doch dafür, sie bis zur Hütte zu ziehen. Sie lassen die Hunde laufen, erfrischen sich mit einem Becher Tee, den sie kochen und abkühlen lassen, und legen sich nieder. Kaum, daß einer spricht. Jeder scheucht noch eine Zeitlang die Fliegen, dann schlafen sie ein.

In der Nacht weckt Ibrahim ein Geräusch. Er versucht, seine Schlaftrunkenheit abzuschütteln, setzt sich auf und horcht. Wieder ein Stoß gegen die Tür, ein Kratzen und Schniefen. Aha, denkt er, einer der Hunde ist gegen die Tür gesprungen. Was mag er haben? Hunger? Wird wohl so sein! Der Jäger dreht sich zur Seite und schläft wieder ein.

Später räkelt sich Nikolai hoch. Auch ihn hat ein Geräusch aus dem Traum fahren lassen. Er horcht, aber es ist nichts. Nur die Hunde schniefen laut. Plötzlich hört er doch noch etwas anderes. Ein Rascheln ist es. Vielleicht eine Ratte. Aber es kommt mehr von oben, vom Dach her. Das Rascheln wird stärker. Da schüttelt er schnell den kurzen Stiefel vom Fuß und wirft ihn gegen das Dach. Nur ein Stück Moos fällt mit herunter. Aber dann schwebt es auf ihn zu – ein Bündel roter Punkte!

»Feuer!« schreit Nikolai, »Feuer! Aufwachen, unsere Hütte brennt!« Er springt vom Lager, reißt an der Tür. In der Aufregung denkt er nicht an den Riegel, tritt gegen die Bretter, wirft sich mit dem ganzen Körper daran.

»Was ist los?« schreit der Forstbeamte.

Nikolai wird zur Seite gestoßen, der Riegel ruckt, die Tür fliegt auf – ein Funkenregen stiebt herein.

Nikolai stürzt hinter dem Vater her. »Kyra! Kyra! Wach auf!«

hört er es noch in der Hütte, und als er sich umsieht, jagt ihm ein Schauer durch die Glieder.

»Um Gottes willen, Vater!«

Der Jäger springt zurück in die Hütte. »Herr! Herr! Wir müssen uns beeilen, der Wald brennt auch. Schnell, schnell, Herr, sonst entkommen wir dem Feuer nicht!«

Kyra taumelt ihrem Vater gegen die Brust.

»Was ist, Väterchen?«

»Nimm dich zusammen, Kyra, wir müssen fort! Die Hütte brennt und der Wald auch. Du hast es ja gehört! Ibrahim, die Gewehre! Die Munition muß ins Boot! Zieh es ein Stück von der Hütte weg! Nikolai, trag die Vorräte mit hinaus! Los, schnell, beeil dich!«

»Meine Stiefel!« jammert Kyra, »ich kann meine Stiefel nicht finden!«

»Dann geh barfuß, aber sieh endlich, daß du aus der Hütte kommst!«

»Kümmere dich um die Hunde«, sagt Nikolai und reißt die Decken vom Lager, auf die immer dichter die Funken fallen. Das Feuer auf dem Dach hat viele Löcher gefressen. Aus dem Rascheln ist ein Prasseln geworden, und wäre der beizende dicklagernde Qualm nicht, die Flammen würden ihnen leuchten, ihre Sachen zu finden.

Was Nikolai und der Vater hinaustragen, verstaut der Forstbeamte in den Booten. Wild vor Angst rasen die Hunde zwischen ihnen hin und her.

»Kyra, leine die Hunde an, sie rennen sonst noch ins Feuer!«

»Geh, Töchterchen, geh«, sagt Ibrahim Karalkan, »die Hütte kann jeden Augenblick einstürzen!«

»Aber der Wald brennt auch, wo sollen wir hin?« schreit Kyra, als sie ihren Vater bei den Booten kauern sieht.

Immer größer wird der lodernde Kreis um die Hütte. Wie ein glühender Brei, der aus einem riesigen Trog breiter und breiter quillt, frißt sich das Feuer über den Boden. Es wächst und wächst und kriecht an den Kiefern hinauf, hüpft über das dicke, ausgetrocknete Nadelpolster an der Rinde empor, erreicht die unteren dürren Äste, schwingt sich höher, stiebt mit knisterndem Funkenflug zum nächsten Baum hinüber, schwelt einen Augenblick auf dem Moos und erhebt sich, wie von Zauberhand berührt, zur Flamme und geistert weiter ... »Herr, laß mich zuerst gehen und folge mir ganz dicht. Wenn du nicht weiter kannst, dann rufe. Wir dürfen uns in dem dicken Rauch nicht verlieren. Ich nehme das Töchterchen an die Hand. Nikolai, du läßt die Hunde nicht los, verstehst du?«

Durch eine undurchsichtige Wand aus Qualm und Funken suchen sie, Schritt für Schritt, den Weg zum Fluß.

»Geh ein bißchen gebückt, Seelchen«, flüstert der Jäger, »und atme nicht so tief, dann brauchst du nicht dauernd zu husten.«

»Werden wir zum Ufer finden, Ibrahim?« fragt Kyra.

»Bestimmt. Du mußt nicht sprechen!«

Mehr kriechend als gehend zieht der Jäger das eine Boot hinter sich her. Am unruhigen Hecheln der Hunde merkt er, daß sie noch alle zusammen sind. Immer schwerer wird das Atmen. Jedes Luftholen bringt ihnen unwiderstehlichen Hustenreiz.

»Sind wir noch auf dem richtigen Weg?« krächzt der Forstbeamte.

»Ja, Herr.«

»Es kommt mir sehr lang vor bis zum Fluß.«

»Ist das ein Wunder, Herr?«

Sie bahnen sich weiter durch die gefährliche Finsternis, und es scheint ihnen, als würden sie ihr nicht mehr entkommen. »Wenn du noch rennen kannst, Seelchen, dann lauf geradeaus! Vielleicht noch zehn Schritte und du bist unten am Ufer. Ich habe schon Sand unter den Füßen.«

»Nein, Ibrahim, ich bleibe bei dir!« Kyra klammert sich fest an seine Hand. »Aber ich glaube, du hast recht, der Rauch wird dünner.«

Plötzlich preschen die Hunde an ihnen vorbei. Nikolai, der die Leinen am Gürtel festgemacht hat, wird mitgerissen. Er stolpert und sie schleifen ihn auf dem Boden hinter sich her. Erst am Wasser machen sie halt. Kyra läßt sich neben ihnen fallen. Den Kopf auf der Erde, atmet sie gierig die frische Luft ein.

Die Männer schieben die Boote ins Wasser.

»Steh auf, Kyra, wir müssen uns beeilen, sonst haben wir das Feuer als ständigen Begleiter.«

Sie rafft sich hoch, klettert mühsam ins Boot und setzt sich zurecht. Leise wimmert sie vor sich hin. Während die Männer die Boote zusammenhaken, verweist Nikolai die Hunde auf ihre Plätze.

»Was hast du?« fragt er, »nun haben wir's doch geschafft!«

»Meine Füße!« jammert sie.

»Was ist damit?«

»Ich hatte doch keine Stiefel und die Funken flogen so und . . .«

»Du hast dir die Füße verbrannt?«

»Ich glaube. Aber sag nichts, wir müssen ja weiter.«

»Ist es sehr schlimm?« fragt er und versucht, ihr ins Gesicht zu sehen.

»Es wird wohl besser werden.«

Jetzt klettern die Männer zu ihnen, und sacht beginnt das Boot zu gleiten.

»Sind wir nicht vorsichtig genug mit dem Ofen gewesen?« fragt der Forstbeamte.

»Ach, Herr, wer weiß das? Ein einziger Funke kann so etwas anrichten. Aber um diese Jahreszeit brennt es fast immer bei uns. Die Ostjaken würden sagen: Die Waldgeister wollen sich dafür rächen, daß sie nicht mehr ungestört sind.«

»Die Waldgeister, soso – die Ostjaken sagen das –«

»Ja, Herr, alle Ostjaken glauben an Geister – nicht nur die, von denen der eine mit dem Richter fortmußte.«

»Du denkst also an dasselbe wie ich?«

»Ich weiß nicht, was du meinst, Herr.«

»Du weißt es schon. Die Ostjaken werden den Waldgeistern ein bißchen geholfen haben. Sie dachten wohl, daß wir einen festeren Schlaf hätten. Und wenn Nikolai nicht gewesen wäre, würde sich ihre Hoffnung erfüllt haben. Daß du und dein Sohn auch mit umgekommen wären, scheint ihnen wenig Gewissensbisse bereitet zu haben!«

»Warum auch, Herr? Wir helfen dir doch!«

Die Offenheit des Jägers verfehlt ihre Wirkung auf Kyrill Maximowitsch nicht. Der Kaukasier hat mehr aufgegeben als sein freies Leben, denkt er. Alle Rubel, die er von mir bekommt, werden das nicht aufwiegen, was er einbüßt durch seinen Dienst — zu dem ich ihn gezwungen habe! Ein Mitgefühl zu dem Mann vor ihm steigt in ihm auf. Ich dringe hier nicht nur in den Urwald ein und bringe neue Gesetze, ich zerstöre etwas, das keinen Posten in meinen Plänen hatte. Ich habe nur an die Tiere gedacht, das Zusammenleben der Menschen habe ich nicht mit eingerechnet.

Voll innerer Erregung schaufelt er mit den Rudern wie besessen. Und neben ihnen her hüpfen die Flammen in irrsinnigem, wildem Tanz über den ausgetrockneten Waldboden. Sie huschen und kreisen um alles, was in ihrem Weg liegt. Sie warten einen Augenblick am Gelege des Haselhuhns, das mit Todesangst seine Eier beschützen will und das nicht auffliegt, als die roten Tänzer sich hochrecken und das Gefieder erfassen . . .

Die Häsin in der Sasse stößt ihre Jungen vor sich her. Wohin

soll sie sich wenden? Von allen Seiten bricht der glühende, beizende Tod heran. Sie lockt und lockt. Fünf Junge, kaum geboren, die der Häsin nachdrängen, sich verlieren. So groß war der Wald, und nun soll kein einziges Fleckchen mehr sein, auf das sie sich hocken können? Wenn sie allein wäre, würde sie vielleicht eins finden, aber die Jungen? Sie sucht und lockt, und als die Funken sich in ihrer Wolle festsetzen, wirft sie sich über die Kleinen ...

Mit glimmendem Balg rast der Fuchs vorüber. Wohin? Wohin?

Feuer im Wald! Feuer über der Heide! Schwarz wälzt sich der Rauch vor dem Wind.

In der Siedlung, die sie nach dieser Nacht erreichen, sagt der Forstbeamte:

»Treibt euer Vieh an das Dorf heran. Stecht einen Graben am Wald aus, das Feuer kommt!«

»Das Vieh werden wir holen«, sagen die Leute, »aber graben – das schaffen wir nicht, das Feuer ist schneller. Und wer weiß, ob es bis an die Wiesen kommt? Wir müssen abwarten, Herr, und es nehmen, wie Gott es gibt!«

Ibrahim Karalkan verbindet Kyras Füße mit frischen Kartoffelscheiben und schneidet aus einem Stück Filz ein Paar Füßlinge, die er über ihren Knöcheln zusammenbindet.

»Jetzt ist kein Unterschied mehr zwischen den Sibiriern und mir, nicht wahr, Nikolai?« sagt Kyra und lacht schon wieder.

»Von außen wohl«, antwortet er.

Sie schlafen ein paar Stunden und fahren weiter. Das nächste Dorf erreichen sie in der Nacht. Bereitwillig nimmt sie der Bürgermeister auf. Er läßt Tee kochen, Eier braten und lagert sich mit seiner Familie auf dem Fußboden.

»Du willst noch weiter den Irtysch hinauf, Herr? Das schlag dir aus dem Kopf, denn am Irtysch brennen die Wälder auch«, sagt er, als er die Petroleumlampe schon ausgedreht hat. »Heute am Tage war der Händler da, er hat es erzählt. Das Feuer zieht sich immer weiter hinauf. Wenn du es erlaubst, so will ich dir sagen: sieh nur zu, daß du bald wieder an die Konda kommst!«

Nikolai, der nicht mehr unterscheiden kann, ob er wirklich hört oder schon träumt, rappelt sich noch einmal hoch. An die Konda? Das heißt: es wird heimgehen! Hat es der fremde Bürgermeister gesagt? Oder der Herr?

»Was meinst du dazu, Ibrahim?« fragt der Forstbeamte.

»Wenn es so ist, wie der Bürgermeister sagt, wird uns nichts anderes übrigbleiben.«

Nikolai atmet tief. Seine Gedanken wollen das herrliche Empfinden noch nicht loslassen, daß es heimgehen wird. Doch so sehr er sich bemüht, er versinkt in einem rotleuchtenden Flammenmeer.

Bärenhunger

Die Straße durch Baltschara ist staubig geworden. Sie wird nicht nur begangen und befahren, auch die Hühner brauchen sie, um ein Sandbad zu nehmen. Faul räkeln sie sich in der ausgescharrten Mulde des warmen Erdbodens, machen ein Nickerchen, und es gibt nicht viel, was sie dabei stören könnte. Höchstens die alte Muttersau vom Bürgermeister. Wenn die mit ihrem Dutzend ringelschwänziger Ferkel vorbeispaziert, bringen sich die Hühner hinter den löchrigen Zäunen für einen Augenblick in Sicherheit, denn die langborstige Alte ist gefürchtet. Sie bringt sogar die bedächtigen Gänse in Schwung, die sonst, gemächlich tapsend, über die Dorfstraße zum Wasser wackeln.

Vor den Häusern stehen auf starken, holzigen Stauden die Sonnenblumen. Ihre dunklen Blütengesichter mit dem gelben Zackenkranz sind groß und gutmütig. Im Fensterglas besehen sich die Geranienstöcke stolz ihre roten Blütendolden. In den Gärten liegen dunkelgrüne Gurken zwischen rauhen Blättern, und kopfgroße Kürbisse kugeln sich an den weitwuchernden Mutterpflanzen. Auf der Wiese um das Dorf grast die Viehherde, und auf den Äckern wollen die Kartoffelblüten aufbrechen.

Sommertiefe und Freundlichkeit liegt über Baltschara – und dennoch schwelt Unruhe in diesem Frieden. Die Angst vor der Brandgefahr ist zwar gebannt; der Regen hatte dem Feuer ein Ziel gesetzt, das sich von Süden her, am Irtysch entlang, immer weiter auf die Konda zufraß. Aber da ist etwas anderes: seit zwei Wochen ist der Forstbeamte wieder im Dorf. In diesen zwei Wochen ist viel geschehen!

Als der Forstbeamte in Repalovo vom Irtysch-Dampfer in seine Boote umsteigen wollte, ging es los. Dort traf er den Aufkäufer, der die Elchdecken von Wassiljew geholt hatte. Und was machte der Herr, den nur der Teufel persönlich nach Sibirien geschickt haben konnte? Er setzte den Aufkäufer so lange unter Druck, bis er heraus hatte, woher die Elchfelle kamen. So. Dann war er mit dem Ispravnik nach Baltschara gekommen und stellte sich bei Wassiljew ein. Wassiljew, feig und verschlagen wie er ist, hatte natürlich gequatscht, wem er die Felle abgekauft hatte. Er streitet es zwar immer noch ab, aber woher sollten die Herren sonst erfahren haben, daß Pawel die Fahrt damals eingefädelt hatte? Diese und die nächste auch, denn er hatte gesagt, daß sie die Zeit nützen müßten, die der Beamtenteufel nicht im Dorf wäre. Nun

ja, der Forstbeamte schien wirklich nicht schüchtern zu sein. Er hatte bei Pawel Iljitsch mit dem Ispravnik aus Repalovo und Ignatjeff eine Haussuchung gemacht, mit dem Ergebnis, daß Pawel nun kein Gewehr mehr hat, keine Jagdmesser und nichts. Außerdem bekam er von Ignatjeff zehn mit der Nagaika über den Rücken und die eindringliche Warnung zu hören: wenn er sich noch einmal an so etwas wagen würde, sei schon ein Plätzchen im Gefängnis für ihn frei.

Seitdem säuft Pawel. Er macht alles zu Geld, was sich zu Geld machen läßt, und kauft Wodka dafür. Die Hühner bringt seine Frau eins nach dem anderen zum Forstbeamten. Na ja, wer soll sie sonst kaufen? Dort wandern sie in den Suppentopf, und Pawel schlurft hinüber zu Wassiljew. Zuerst beschimpft er ihn und flucht wie eine Schwadron Kosaken, dann gurgelt er den Schnaps in sich hinein. Und wenn er kein Geld hat, geht es der Frau und den Kindern schlecht. Das alles wissen die Leute aus Baltschara. Was sie nicht erfahren, geschieht in einer der kurzen Sommernächte, als sie gerade dabei ist, den langen Tag hinter den Wald zu schieben.

Um diese Zeit klopft es an Ibrahim Karalkans Haustür. Der

Jäger steht noch einmal auf, rafft seine Hose um die Hüften zusammen und geht ins Vorhaus.

»Was ist? Wer steht vor der Tür?«

»Mach auf, Kaukasier, ich will mit dir reden! Ich bin's, Pawel!« kommt es heiser von draußen.

»Warum kommst du in der Nacht? Hätte das nicht bis morgen Zeit gehabt?« sagt Ibrahim und zieht die Tür auf. Aber er bleibt darunter stehen, nicht gewillt, den späten Besuch ohne weiteres einzulassen.

»Mach mir Platz, Kaukasier!«

»Nur bis ins Vorhaus! Die Frau schläft schon. Also, was willst du?«

»Ibrahim, du weißt doch auch, was der Lump, über den die Pocken und die Pest kommen sollen, mit mir gemacht hat. Ich bin jetzt ohne Gewehr, und ich weiß, daß du mehrere hast. Verkaufe mir eins davon. Ich gebe dir eine Kuh dafür. Eine ganze Kuh, hörst du?«

»Und deshalb kommst du jetzt um diese Zeit und ausgerechnet zu mir?«

»Zu wem sonst? Ich weiß, daß du den Aufpasser genauso haßt wie ich. Du wirst mich verstehen. Gib mir ein Gewehr!«

»Pawel, ich bin kein Waffenhändler . . .«

»Es wird niemand etwas erfahren, deshalb komme ich um diese Zeit, und ich werde sehr vorsichtig sein. Aber ein Gewehr muß ich wieder haben, verstehst du mich?« Seine bittende Haltung wird fordernd. Er reckt sich hoch, seine Wodkafahne weht Ibrahim ins Gesicht.

»Geh schlafen, Pawel, du bist voll wie ein Eimer. Morgen denkst du nicht mehr daran. Und außerdem sage ich dir, daß ich kein Gewehr zu verkaufen habe. Du hast Feld und Vieh, bald kommt die Beerenreife, und die Fischerei bringt auch etwas ein. Geh heim, Pawel!«

»Du willst mir also nicht helfen, wie? Du Teufel! Der Blitz soll dich erschlagen, du toller Hund!« Pawel hebt pfeilschnell die Hände und krallt sie um Ibrahims Hals. Da trifft ihn ein Stoß gegen die Brust, daß er, sich überschlagend, vor die Tür rollt. Nur mit einem Fuß bleibt er noch an der Schwelle hängen. Kreischend in Trunkenheit und Wut richtet er sich auf.

»Das werde ich dir eintränken, du! Das wirst du noch bereuen!«

»Paß lieber auf, daß du nicht im Wodka ersäufst!« ruft Ibrahim und schlägt die Tür zu.

»Ein Gewehr verkaufen!« sagt er kopfschüttelnd, als er seine Frau und Nikolai auf dem Lager sitzen sieht. »Da ist Kyrill Maximowitsch gerade froh, daß er es ihm abgenommen hat – und ich soll ihm ein neues geben. Als ob ich sie nur so an der Wand hängen hätte! Wozu ist er Bauer?« Ibrahim bricht plötzlich ab. Ihm ist bei seinen eigenen Worten ein Gedanke gekommen, den er nicht weiterzuspinnen wagt. Aber Tamara spricht ihn aus, als ob sie Gedanken lesen könnte:

»Vielleicht hat der Forstbeamte doch in manchem recht.«

Durchsichtig und klar wölbt sich der Himmel über Baltschara. Nur dort, wo er den Wald umschließt, stehen helle krause Wölkchen dicht an dicht wie eine Herde Schaflämmer.

Auf der Dorfwiese grast die große Viehherde, die reihum von den Bauern des Dorfes gehütet wird. In dieser Woche ist der Bürgermeister dran. Er hat Mascha geschickt, seine Tochter, die das Kopftuch immer ganz fest umbindet, weil sie ein Feuermal auf der Stirn hat. Mascha kocht sonst für den Forstbeamten. Heut liegt sie im Gras und summt vor sich hin. Das Lied vom Kalin-

kenbäumchen singt sie, und mit dem bloßen Fuß klopft sie den Takt dazu. Die Arme unter dem Kopf verschränkt, blinzelt sie in den gläsernen Himmel, und sie denkt dabei an einen, mit dem sie über das Osterfeuer springen wird – im nächsten Jahr – oder im übernächsten –

Plötzlich schreckt Mascha hoch. Ein Schnauben und Fauchen kommt von der Herde herüber. Die Kühe versperren ihr die Sicht, aber dann sieht sie die große dunkle Masse, die sich zwischen die Herde wirft, sieht Branten schlagen. Eine Kuh stürzt zu Boden. Mascha hört das Brüllen der anderen, die sich zur Flucht wenden, und sie rast ihnen voran, den Häusern zu.

»Der Braune«, keucht sie, »der Braune ist in der Herde!«

Als ob es der Wind fortgetragen hätte, schreit es Sekunden später durchs Dorf.

»Michail Iwanowitsch ist in der Herde!«

Mascha läuft bis zum Hause des Forstbeamten, reißt die Tür auf und schreit:

»Ein Bär, Herr! Er ist in der Kuhherde! Schieß ihn, Herr, du hast doch ein gutes Gewehr!«

Kyrill Maximowitsch, der mit Ibrahim zusammen die neue Fahrt auf der Konda besprochen hat, springt auf, langt sein Repetiergewehr vom Haken und drückt Ibrahim den Drilling in die Hand.

»Hier sind Patronen, komm!«

»Ich habe es mir schon gedacht, Herr«, sagt Ibrahim im Hinauslaufen, »immer wenn große Brände sind, treibt es die Bären bis an die Dörfer. Es kann noch etwas geben in diesem Sommer, sie wandern schnell!«

Auf der Straße hat sich das ganze Dorf versammelt. Alles drängt auf den Forstbeamten zu.

»Schieß den Braunen, Herr, sonst wird er wiederkommen und ein Stück Vieh nach dem anderen reißen! Unsere schönen Kühe, Herr! Wer soll uns Milch geben?«

Die ganze Gesellschaft wälzt sich dem Dorfausgang zu, mit den Händen fuchtelnd und durcheinanderschreiend. Ein ohrenbetäubender Lärm entsteht. Sie zerren die beiden Jäger einfach mit sich fort.

»Wenn ihr nicht sofort stehen bleibt«, brüllt Kyrill Maximowitsch, »werde ich gar nichts machen, habt ihr mich verstanden? Denkt ihr, der Bär wird sitzen bleiben, wenn er diesen Lärm hört?«

Augenblicklich tritt Stille ein.

»Ihr geht in eure Häuser zurück und wartet ab. Verhaltet euch ruhig, bis wir wiederkommen.« Kyrill Maximowitsch bahnt für sich und Ibrahim den Weg.

»Und ich?« drängt sich zwischen den Leuten Kyra hervor. Sie hat mit Nikolai hinter dem Haus auf Scheiben geschossen, und beide sind mit in den Haufen gezwängt worden.

»Ihr geht auch zurück, das ist doch selbstverständlich!« Er läßt sie einfach stehen und geht weiter.

Die Leute sehen, wie Kyra die Tränen hochsteigen und sie sehen, wie eine Frau über Kyras Haar streicht.

»Weine doch nicht, Täubchen, das Väterchen kommt bald zurück. Der Kaukasier ist doch bei ihm!«

Die Wiese, auf der das Vieh gegrast hat, ist leer. Nur die geschlagene Kuh und drei Schritte davon noch ein Kalb liegen da. Das Kalb zerfetzter als die Alte. Aber der Bär ist fort.

»Er wird wiederkommen, Herr. Laß uns warten.«

Sie suchen zuerst nach der Fährte und setzen sich dann hinter einen morschen Weidenstumpf. Fünf Schritte von ihnen entfernt liegen die gerissenen Tiere. Die Wiese ist gut zu übersehen.

»Es kann Abend werden«, flüstert Ibrahim, »vielleicht Nacht!« Sie sitzen und es entgeht ihnen kein Geräusch. Er kann nicht vergrämt worden sein, denkt Ibrahim, die Leute sind nicht hier gewesen. Er wird kommen!

Die Sträucher beginnen, dunkel zu werden und Schatten zu werfen. Ein schwacher Windhauch kommt auf und verliert sich ins Schilf – oder ist es nicht der Wind, der es bewegt? Im Schilf reckt sich ein brauner Kopf hoch. Michail Iwanowitsch sichert. Es ist etwas in seiner Witterung, das ihm nicht gefällt. Aber der Geruch vom Riß ist stärker, und der Hunger wühlt in seinem Magen. Der graue Baumstumpf dort? Er war vorhin auch schon da, aber ist er nicht breiter geworden? Die Gier ist stärker. Geschmeidig und schnell kommt er näher, mit riesigen Sätzen ist er am Luder, die Branten wühlen sich ins Fleisch, das Maul schmatzt laut.

Kyrill Maximowitsch beruhigt mit aller Willenskraft den pochenden Herzschlag, dann reißt er das Gewehr hoch und schickt die Kugel aus dem Lauf. Der Bär fährt herum. Erst brummt er nur unwillig über die Störung, im nächsten Augenblick aber richtet er sich auf. Er hat seinen Feind gesehen! Er stülpt die Nase, daß die fürchterlichen Zähne frei werden, legt die kleinen Gehöre an – dann stürzt er mit gräßlichem Gebrüll auf Kyrill Maximowitsch los ... einen Sprung ... noch einen ... da kracht es wieder! Eine Sekunde steht der Bär still, dann fällt er um wie ein Brett.

Der Forstbeamte springt auf, aber Ibrahim Karalkan hält ihn zurück.

»Warte noch, Herr! Warte, ob er sich auch wirklich nicht mehr rührt. Man kann den Bestien nie trauen!«

Als eine Zeitlang nichts geschieht, sagt Ibrahim:

»Du hast eine gute Kugel geschossen, Herr. Es war dein erster Bär in Sibirien, nicht wahr?« Als sie dann davorstehen, sagt er noch: »Und was für einer!«

Es bleibt ihnen nicht viel Zeit, das riesige Raubtier zu besehen. Die Leute im Dorf haben die Schüsse gehört, und wie eine Woge wälzt es sich auf die Wiese zu. Als sie den Bären liegen sehen, setzt ein Freudengeschrei ein. Sie treten gegen das verendete Tier, bespucken es, drohen mit den Fäusten, und es hagelt Flüche und Verwünschungen.

Kyra faßt nach der Hand ihres Vaters und preßt sie gegen ihr Gesicht.

»Väterchen! Mein Väterchen!« sagt sie, und er weiß nicht, ob sie sich über sein Jagdglück freut oder nur einfach deshalb, weil sie ihn unversehrt wiederhat.

Als der Forstbeamte und Ibrahim Karalkan einige Tage später dabei sind, die Boote für die neue Fahrt auf der Konda zu beladen, jagt Nikolai ins Dorf.

»Herr!« sagt er ohne Atem, »Vater! Gerade ist Lewin zu uns gekommen. Bei den Ostjaken hat der Braune einen Jungen zerrissen, der auf die Schafe aufpassen sollte und eingeschlafen war. Niemand wagt sich mehr hinaus zu der Herde, und der Bär holt sich ein Schaf nach dem anderen, ohne sich von jemand stören zu lassen. Die Leute trauen sich nicht vor die Hütten. Lewin ist ganz verängstigt!«

»Und doch hat er die Fahrt gewagt?« fragt der Forstbeamte.

»Er wird erst Kukla befragt haben, Herr«, sagt Nikolais Vater und schmunzelt.

»Na, dann wollen wir uns beeilen, Ibrahim. Du scheinst recht zu behalten, die Brände haben die Bären vertrieben. Wovon sollen sie auch satt werden, wenn alles, was im Walde lebte, umgekommen ist.«

Drei Abende warten sie bei der Ostjakensiedlung auf den Räuber. Unter Kriechbirken verborgen horchen sie auf jedes Geräusch, suchen ihre Augen in der langsam ziehenden Dämmerung. Der Himmel ist schwammig. Nieselnd hat er sich nahe zur Erde geneigt.

Von Zeit zu Zeit suchen sich die Männer mit einem fragenden Blick. Ein Schulterzucken, ein Kopfschütteln, und wieder das aufmerksame Spähen.

Die Luft verpestend, kommt der Geruch vom Aas zu ihnen. Ein Kauz streicht mit schrillem »Kiwitt« und lautlosem Flug vorüber.

Die Wiese ist schlecht zu übersehen. Überall niedrige Birken und Weiden, Eichen- und Espengeruschel. Im ungewissen Licht wächst das kleinste Gesträuch ins Riesenhafte. Nichts Verdächtiges, so sehr die Männer auch horchen.

Und plötzlich doch ein dunkler Schatten vor ihnen, der sich bewegt und der zu keiner Laubholzart der Welt gehört. Jetzt steht er still, wird zu Stein, dann rührt er sich wieder. Mit einem Sprung ist er am Riß und schlägt die Fänge hinein.

Der Forstbeamte hebt das Gewehr. Kaum kann er sein Ziel noch erkennen, so verwischt die nässende Dämmerung die Umrisse. Wo ist der Kopf? Ich muß den Kopf treffen, hämmert sein Hirn. Er lauscht auf das Schmatzen und sucht mit dem Korn seines Gewehrs. Noch eine Sekunde – dann krümmt sich der Finger, und das Feuer fliegt aus dem Rohr! Dem Schuß folgt ein wütendes Brüllen. Der dunkle Körper bäumt sich und rast auf die Birkensträucher zu. Im nächsten Augenblick weiten sich die Augen der Männer vor Entsetzen. Neben dem ersten Bären ist ein zweiter aufgetaucht. Schäumend vor Wut stürzen sie sich auf die Angreifer.

Die Schüsse donnern. Der erste Bär ist heran. Die Branten sausen in die Sträucher. Ibrahim Karalkan spürt den heißen Atem auf seinem Gesicht. Kaltblütig stößt er den Lauf der Büchse gegen die zottige Masse und drückt ab. Gurgelnd dreht sich der Bär zur Seite, überrollt sich — und bleibt liegen.

Währenddessen hat der Forstbeamte seine Büchse repetiert. Er hält auf den anderen Bären, der einen Augenblick verhofft. Als ihn der Schuß trifft, fährt er herum, dann wendet er und rast wie von Sinnen davon. Die Männer springen aus der Deckung, schicken ihm noch zwei Kugeln nach, aber der Bär flüchtet weiter. Erst als er im Niederwald verschwunden ist, kommen sie zur Besinnung.

»Das war eine böse Überraschung, Ibrahim!« sagt der Forstbeamte.

»Ja, Herr, so kanns einem gehen. Damit muß man bei Michail Iwanowitsch immer rechnen. Wenn er angeschossen ist, nimmt er den Menschen meistens an. Es ist schon gut, wenn man zu zweien zielt. Was meinst du, wie es ist, wenn einem einzelnen das Gewehr versagt!«

»Hast du das schon erlebt?«

»Ja, Herr, einmal als wir Kälte hatten, daß der Atem gefror. Mein Gewehr macht zwar große Löcher, wenn es trifft, aber es verträgt die Kälte schlecht.«

»Und was hast du gemacht?«

»Ja, was habe ich gemacht – ich habe die Axt genommen und sie ihm auf den Schädel geschlagen! Da fiel der Bär um wie ein Baum.«

»Du hast Mut, Ibrahim!«

»Und Kräfte, Herr!« lacht der Jäger. »Aber was machen wir mit dem Bären, der ausgerückt ist?«

»Wir setzen ihm morgen die Hunde auf die Spur.«

»Das wird schwer sein, Herr, wenn es die ganze Nacht weiter nieselt.«

»Er ist angeschossen und muß Schweiß verlieren. Wir versuchen es.«

»Und hier der Braune?«

»Laß ihn liegen. Wir gehen zurück in die Siedlung.«

Lewin wartet vor der Hütte und tritt ihnen in den Weg, als sie kommen.

»Es hat viele Male geknallt«, sagt er, aber in seiner Stimme ist keine Freude. »Ist er eingeschlafen, der große alte Herr?« Unsicher tritt er an Ibrahims Seite.

»Ja, einer, der andere ist davon. Aber den werden wir auch noch kriegen, Lewin!«

»Waren es zwei?«

»Ja, wir suchen morgen mit den Hunden.«

Kyrill Maximowitsch und der Kaukasier voran, Nikolai und Kyra hinter ihnen, so ziehen sie am nächsten Tage in der Frühdämmerung los. Als die Hunde an dem erlegten Bären die Witterung aufgenommen haben, geht es in wildem Marsch davon. Hechelnd an langer Leine, Danielka neben Graukopf. Vor Jagdeifer tropft es von ihren Lefzen.

Sie bahnen sich durch die hohe Heide, waten über eine moorige Wiese. Dann zerren die Hunde in den Niederwald. Himbeersträucher wuchern, eng verschlungen, zur undurchdringlichen Hecke; niedrige Kiefern und Fichten, an denen der hellgrüne Neuwuchs lang geworden ist, sind zum Dickicht verfilzt.

Einen Augenblick steht Graukopf wie angewachsen. Seine Nase fährt dicht über den Boden. Alle warten sie gespannt. Jetzt zerrt er wieder, die Ohren angelegt.

»Laß ihn frei, Herr, und deinen Danielka auch!«

Wie Furien stieben die beiden Laiki davon.

»Wer wird ihn schießen?« fragt der Forstbeamte.

Kyra zittert vor Aufregung am ganzen Leib. Sie muß an sich halten, daß sie nicht mit den Zähnen klappert. Aber lieber dabeisein und Angst haben, denkt sie, als im Zelt sitzen und auf den Vater warten.

Jetzt hören sie die Hunde. Rasend geben sie Standlaut.

»Also auf!« sagt der Forstbeamte. Donka zerrt hinter seinen Genossen her. Ibrahims Axt muß den Weg freischlagen. So schnell sie können, folgen sie. Das Gebell der Hunde kommt immer aus der gleichen Richtung.

»Was Graukopf einmal hat, läßt er nicht mehr so leicht fort!« sagt Ibrahim stolz. »Er ist ein guter Lehrmeister für Danielka, denn der hat auch das Zeug zum guten Bärenhund.«

Jetzt sehen sie Danielka und Graukopf schon wie Bälle um den Stamm einer einzelnen Schirmtanne springen. Die beiden Männer pirschen sich näher, ziehen einen Halbkreis, die Gewehre in den Händen. Plötzlich sehen sie den Bären. Er drückt sich mit dem Rücken an die Tanne, sitzt auf den Keulen und teilt Hiebe aus. Aber aufstehen und sich davonmachen, das kann er nicht. Er hat zu tun, die Hunde abzuwehren.

Der Forstbeamte winkt Nikolai heran.

»Wenn du es mit der einen Kugel im Drilling nicht schaffst, ist es nicht schlimm. Dein Vater und ich, wir stehen beide schußbereit. Halte neben das Gehör!«

Während Nikolai anlegt, denkt er: und wenn es der stärkste Bär ist – ich werde es schaffen! Blitzschnell und sicher sucht er sein Ziel. Der Schuß kracht, daß es ihm in den Ohren schmerzt – und der Bär fällt vornüber.

Erst jetzt, da er ihn getroffen liegen sieht und die Hunde sich wie toll in ihn verbeißen, überkommt Nikolai die Freude und der Stolz darüber, daß er den Bären schießen durfte. Vorhin hatte ihn der Forstbeamte einfach überrumpelt.

Nikolai geht als letzter zu dem Braunen.

»Herr«, sagt er unbeholfen. »Herr, ich freue mich, daß ich ihn schießen . . .«

»Du solltest nur beweisen, daß du der Sohn eines Jägers bist«, wehrt Kyrill Maximowitsch ab und schüttelt Nikolai an der Schulter.

»Und den nächsten schieße ich!« verkündet Kyra. »Seit ich Nikolai habe schießen sehen, fürchte ich mich nicht mehr. Und außerdem bin ich die Tochter eines Jägers!«

»Wenn wir wieder auf einen Pestun stoßen wie diesen, sollst du deinen Willen haben.«

»Ein Pestun? Was ist das?«

»So nennen wir einen zweijährigen Bären, der noch mit der Alten läuft und jagt.«

Sie schärfen den Bären ab, die Hunde bekommen ihren Teil, und mit dem Fell beladen geht es zur Siedlung zurück. Nicht weit von der Stelle entfernt, wo der erste Bär liegt, hält Nikolai, der mit Kyra vorangeht, plötzlich an und zeigt nach vorn. Sie sehen etwas Merkwürdiges. Der Bär liegt mit erhobenem Kopf im Gras, und um ihn herum springt ein sonderbares Wesen, in ein Bärenfell gehüllt, unter dem nur die Stiefel ein Stück hervorsehen. Für die Augen sind zwei Löcher ins Fell geschnitten.

»Was kann das sein?« fragt Kyra flüsternd.

»Es ist Lewin, Töchterchen«, erklärt Ibrahim. »Er ist in seiner Siedlung Schamane, also ein Priester, mußt du wissen. Er glaubt, daß Aschninika, wie die Ostjaken den Bären nennen, ein Gott ist. Nicht gerade ein mächtiger, aber immerhin mächtig genug, daß er über Lewin kommen und ihn ins Unglück stürzen könnte. Lewin war es doch, der mich geholt hat, damit ich Aschninika schießen soll.«

»Aber der Bär hat doch einen Jungen aus dem Dorf umgebracht und die Schafe geholt?«

»Es hatte ihn eben irgend etwas zornig gemacht, würde Lewin dir antworten, und nun muß er wieder versöhnt werden.«

Lewins Gesang, den sie von weitem mit anhören und der zuerst feierlich und gemessen klingt, wird beschwörend und schnell. Je mehr sich der Rhythmus steigert, desto behender springt auch Lewin. Zuerst war es nur ein Verbeugen und Schreiten. Nun kreist er in Wirbeln und Sprüngen um den Bären, immer wieder, immer schneller – bis er erschöpft zu Boden fällt.

Sie warten, bis er aufgestanden ist und sich ein Stück entfernt hat. Dann gehen sie, um nach dem Bären zu sehen. Es ist die Alte, die Mutter des Zweijährigen, und sie machen sich daran, auch ihr das Fell über den Rücken zu ziehen.

»Hast du manchmal mit Lewin gejagt, Ibrahim, daß du so gut über ihn Bescheid weißt?« fragt der Forstbeamte.

»Ja, Herr. Wir jagen in jedem Frühjahr zusammen, wenn der Gänsezug einsetzt. Auf Hochwild jagt er nur, wenn ihn der Hunger dazu treibt. Er ist Pelzjäger. Wenn du den ganzen Winter keinen Zobel gefangen hast, dann nimm einen von seinen Hunden mit und du wirst . . . verzeih, Herr, ich weiß, daß es nicht sein darf, aber mit einem von Lewins Hunden bekommst du bestimmt einen Zobel.«

Bevor sie weiterfahren, paßt sich Lewin einen günstigen Augenblick ab, um mit Ibrahim zu sprechen.

»Wie wird es in diesem Jahr mit dem Fischgarten? Willst du ihn oder soll ich ihn dem Fischhändler aus Repalovo verpachten? Er war schon zweimal bei mir.«

»Warte noch, bis wir zurückkommen, Lewin.«

»Und wenn es zu spät wird? Wer gibt mir dann die Pacht?«

»Ich.«

»Woher hast du das viele Geld? Bezahlt er dich so gut?«

»Er zahlt.«

»Hast ein feines Leben, Kaukasier!« Und Lewin schielt ihn von der Seite an mit einem Blick, der keinen Zweifel läßt, wie er die Worte gemeint hat.

Mit einem Schlag ist alles zunichte gemacht, was sich in Ibrahim Karalkan im Laufe der Wochen an Ruhe und Gelassenheit dem Forstbeamten gegenüber angesammelt hatte. Also traut mir auch Lewin nicht mehr! Aber das allein ist es nicht. Lewin kann vor die Hütte treten, wann er will, er kann in den Wäldern herumstreifen, so lange er will, er kriecht aufs Lager, wenn der Schlaf über ihn kommt.

Und ich?

Ibrahim Karalkan ballt die Fäuste, seine Augen suchen über den Fluß . . . suchen . . . suchen . . . er wendet sich ab.

»Die Moore fragen nicht danach, wen sie hinunterziehen, Ibrahim«, sagt Lewin hintergründig.

Aber Ibrahim dreht sich nicht um.

Herr über Leben und Tod

Woche um Woche bleiben die vier in den Wäldern an der Konda. Als sie die Siedlung hinter sich haben, rudern sie auf den Nebenflüssen tief in die Taiga hinein. Hoch und dicht ist der Zirbelwald, den die Sibirier den schwarzen Urman nennen. Tiefdunkelgrün wölbt sich das Dach der Wipfel vor dem Strahl der Sonne und den rauschenden Regengüssen. Ohne Weg und Steg ist der schwarze Urman, nur durchzogen von kleinen, schlammigen Flüssen, den schmalen Pfaden, die sich die Jäger zu den Jagdhütten bahnen, den kaum auffindbaren Wechseln, die das Wild tritt. Hier im Urwald ist die Heimat der Elche, des edlen Rotwildes und der Waldrene, die nur zu den Seen und Flüssen ziehen, um Knospen und junge Triebe zu verbeißen, den Durst zu stillen und beim Suhlen die Plage der Insekten loszuwerden. Hier im schwarzen Urman, unter den morschen Stämmen, unter den Wurzelkrümmungen, hausen Zobel und Marder, zieht das Eichhörnchen seine Jungen groß. Weit, weit zurück liegt die letzte menschliche Behausung.

Einer auf den anderen angewiesen, ziehen die vier Menschen durch die Taiga. Tagelang bleiben sie an den riesigen Seen, die klar und grün bis auf den Grund sind, daß sie die Fische mit spielenden Flossen hin und her schießen sehen. Zu Tausenden brüten Enten und Gänse, die sich lebenden Wolken gleich aus dem Wasser erheben und wieder ins Schilf fallen lassen.

Wenn der neue Tag noch im Schlaf liegt, sind die vier schon auf den Beinen und warten, bis die Sterne blaß werden und das Wild zum See kommt. Nur wenn sie Fleisch brauchen, hebt Kyrill Maximowitsch die Büchse und auch dann erst, wenn er es lange genug bedacht hat. Endlos erscheint ihnen die Einsamkeit, und dennoch bedrückt sie nicht. Im Gegenteil, sie beginnt aufzulösen, was fremd zwischen den beiden Männern steht.

Ist es noch derselbe Forstbeamte, der einmal herrisch fordernd vor Ibrahim getreten ist und der jetzt mit ihm aus einem Kessel löffelt und der sagt: »Nimm dein Gewehr, Ibrahim, und laß uns pirschen!« und seinen eigenen Drilling damit meint? Ist es noch derselbe Forstbeamte, der abends auf dem Lager sitzt, über die Mücken schimpft, allerlei Scherze im Kopf hat und den Bart verwildern läßt?

Und ist es noch derselbe Ibrahim Karalkan, der da neben dem Forstbeamten geht und voller Eifer auf dessen Erklärungen hört?

Ist es noch derselbe Jäger, dem noch vor ein paar Wochen die Hände bebten, wenn er ein Stück Wild sah, das am Leben blieb? Denkt er nicht jetzt zuerst: in einem Jahr, oder wenn man ihm noch eines dazu gibt, dann wird es ein Hirsch sein!?

Mühevoll sind ihre Wege, ungezählt ihre Schweißtropfen. Gemeinsam empfinden sie Hunger und Durst, todmüde fallen sie auf das Lager, das sie finden oder sich erst bereiten müssen. Und wenn ihre Sinne wieder wach werden, umgibt sie erneut der Wald, der Himmel, Sonne oder Regen. Zum ersten Male empfindet Kyrill Maximowitsch das Glück, frei zu sein, keine Pflichten zu haben als jene, die er freiwillig gewählt hat. Wenn er über seinem Tagebuch sitzt und Nikolai ihn fragt: »Herr, was schreibst du immer und was malst du für Striche aufs Papier?« dann fährt er nicht ungeduldig auf, sondern sagt: »Ich mache mir Notizen, wieviel Wild wir gesehen haben und zeichne ein, wo es gestanden hat. Ich schreibe mir auf, wie der Wald beschaffen ist, durch den wir gelaufen sind und was ich von dem Boden halte. Wenn ich wieder in Baltschara bin, berichte ich über alles nach Petersburg.«

»An den Zaren, Herr?«

»Nicht direkt an den Zaren. An das kaiserliche Forstamt.«

»Warum, Herr?«

»Damit die Leute dort endlich begreifen, daß es auch für Sibirien ein Jagdgesetz geben muß, wenn noch etwas Wild erhalten bleiben soll. Damit sie begreifen, daß man nicht einfach den besten Wald abholzen darf für neue Siedlungen. Guten Boden gibt es auch an anderen Stellen genug, wenn man ihn richtig bearbeitet. Guter Wald ist für ein Land wie eine Schatzkammer, die durch das lebendige Wachsen voller und voller wird oder aus der man Tag für Tag stiehlt, wenn ohne zu fragen die besten Stämme unter der Axt fallen oder gar das Feuer sie frißt. Steppen hat Rußland gerade genug!«

Nikolai denkt lange nach über das, was er gehört hat.

»Du hast gute Gedanken, Herr«, sagt er, »du mußt es einem nur richtig erklären, dann versteht man dich schon. Aber warum schickt der Zar nicht noch mehr Forstbeamte nach Sibirien?«

»Weil es ihm darauf ankommt, daß es welche sind, die mit dem Herzen gehen, und davon gibt es noch nicht viele in Rußland. Alles, was neu ist, braucht seine Zeit, aber wenn es gut ist, wird es sich nicht verlaufen wie überschäumendes Frühlingswasser, es muß nur einer den Anfang machen. Aber es sollten nicht nur Beamte sein, die begreifen, was in der Natur notwendig ist, sondern die Sibirier selbst und besonders diejenigen, die durch ihr Leben dem Wald und dem Wild am nächsten sind.«

Nikolai sieht den Forstbeamten an.

»Du meinst – solche wie den Vater, Herr?«

»Ja. Und junge Menschen, solche wie dich.«

Als sie eines Abends nach anstrengendem Marsch eine Hütte erreichen, sehen sie in der Ferne die Berge des Urals. In hauchzarter Linie stehen sie gegen den Himmel, mehr zu ahnen als zu sehen. Sie beschließen, eine Ruhepause von einigen Tagen einzulegen und dann den Rückweg anzutreten. Da sie Fleisch brauchen, pirschen sie am ersten Tag auf Birkwild.

»Laß uns *meine* Hunde mitnehmen, ich weiß nicht, wie sich dein Danielka benimmt. Du sollst sehen, wieviel wir schießen werden!«

An einem fast trockenen Bach finden sie im Sand die Badestellen der Hühner. Die Hunde zerren aufgeregt vorwärts. Nikolai führt Donka, sein Vater Graukopf. Sie ziehen in weit ausholendem Keil in die Heide, Nikolai vor dem Forstbeamten, Ibrahim Karalkan mit Kyra. Immer wieder verständigen sie sich durch Winken.

»Du kannst dir Zeit lassen mit dem Schießen, Kyra«, flüstert Ibrahim, »sie haben genug auf die Hunde zu achten. Wenn die Hühner auf den Bäumen sind, mußt du erst die untersten beschießen, denn nimmst du die obersten zuerst aufs Korn, streichen die andern ab, weil sie das Runterfallen stört.«

Kyra lächelt ungläubig.

»Der Schuß wird sie alle zugleich aufscheuchen!«

»Nein, Seelchen, wart ab.«

Von der gegenüberliegenden Seite macht Kyrill Maximowitsch ein Zeichen. Ibrahim weiß, es bedeutet, daß Donka ein Volk Hühner aufgestöbert hat. Graukopf zerrt ebenfalls nach der Seite, auch er hat Hühner vor sich und treibt sie auf Donka zu. Jetzt winkt Ibrahim zum Forstbeamten hinüber. Mit einem schnellen Griff werden die Hunde freigemacht, und wie die wilde Jagd sausen sie in die Heide hinein.

Sekunden später fliegt das Birkwild auf und sucht Schutz in den Kiefern und Birken. Die Hunde setzen hinterher, umspringen laut bellend die Bäume. Jetzt prasseln drüben die Schüsse. Da reißt auch Kyra ihr Gewehr hoch. Sie hält auf das Birkwild, das am tiefsten sitzt. Aber sie hat kein Glück – sie ballert vorbei. Doch kein Vogel fliegt auf. Sie lädt neu, schießt wieder. Endlich fällt ein schwarzer, glänzender Birkhahn kopfüber von seinem Ast. Aber noch immer fliegen die anderen nicht davon. Kyra zittern vor Aufregung die Hände. Vier sind es gewesen, die in den Baum geflüchtet sind. Der oberste sitzt am günstigsten im Blickfeld. Sie schießt. Nichts geschieht! Wieder muß sie laden, wieder sucht sie mit dem Korn. Dann poltert der Schuß, und knackend fällt es durch Zweige herab. Jetzt streichen die beiden anderen Vögel in wilder Flucht in die Heide. Ibrahim jagt ihnen den Schrot hinterher. Federn wirbeln, und wie ein Stein plumpst einer senkrecht und schwer zur Erde.

Von drüben, wo Nikolai und der Forstbeamte stehen, knallt es noch. Kyra sieht, daß die beiden ein und denselben Baum beschießen, eine hohe Birke mit dichtem Wipfel. Trocken hallen die Schüsse, und es poltert in kurzen Abständen von dem Baum.

»Wie viele sitzen eigentlich dort drauf?« fragt Kyra.

»Viele können es nicht mehr sein. Ah, siehst du, jetzt ist ihnen die Knallerei zu bunt geworden, sie machen sich davon. Vier, nein, fünf sind es noch!«

Mit den Hunden holen sie das Wild zusammen. Drei Birkhähne sind es und acht Hennen.

»Fürs erste reicht uns das Fleisch«, sagt Kyrill Maximowitsch, »jetzt haben wir Zeit, uns das Hochwild anzusehen.« Sie pirschen den Tag über und finden die Fährte eines starken Elchrudels. Aber so vorsichtig sie auch sind und auf das Wild warten, es zeigt sich nichts. Das letzte Tageslicht verflammt und taucht Himmel und Erde in rote Glut.

»Laß uns umkehren«, sagt Ibrahim leise, »man kann das Glück nicht zu sich zwingen, Herr.«

Als sie gerade die kleine Anhöhe erreicht haben, von der aus sie das Hüttendach sehen können, ertönt hinter ihnen, durchdringend und hohl, ein uriger Schrei. Er dringt ihnen bis ins Innerste, läßt sie erschauern und wie angewurzelt stehenbleiben.

»Väterchen«, flüstert Kyra und drängt auf ihn zu. Verängstigt sieht sie sich um.

»So nahe, wie es sich anhört, steht er nicht«, sagt ihr Vater leise.

Von Zirbel- und Fichtenjungwuchs gedeckt, warten sie auf den Mächtigen, dem diese Stimme gehört. Der neue Schrei weist ihnen die Richtung, in der er stehen muß. Das Glas des Forstbeamten sucht und sucht. Er weiß, drüben, irgendwo im Hochwald, steht ein Elch, gewaltig, massig, erregt, den Hals ausgereckt, im Schrei das Haupt mit den riesigen Schaufeln hochgeworfen, herausfordernd mit den Vorderläufen stampfend. So muß er dastehen, irgendwo. Und nicht weit von dem Alten ein junger oder auch zwei, die ihm den Vorrang im Rudel streitig machen wollen.

Wieder der durchdringende Schrei!

»Es hört sich an, als wäre es ein furchtbarer Unhold!« Kyra zittert. »Komm, laß uns gehen.«

»Herr«, hört sie es hinter sich, »nimm das Gewehr von der Schulter. Vielleicht sehen wir ihn doch noch, solange das Licht hält.«

Die Herausforderung des Gewaltigen ist noch nicht verhallt, da schmettert ein zweiter Elchbulle seinen Kampfruf hinaus in den schneller und schneller sinkenden Abend. Aber keiner von beiden läßt die Vorsicht außer acht und tritt aus dem schützenden Holz.

Sie warten noch, bis die Dunkelheit so tief ist, daß ein sicherer Schuß nicht mehr anzubringen wäre. Dann tappen sie davon.

»Ärgere dich nicht, Herr, morgen ist auch noch ein Tag!« sagt Ibrahim, als sie in der Hütte sind und das Feuer zuckend um den Kessel streicht. »Wenn du den Elch schießen sollst, dann wirst du ihn auch schießen. Außerdem fängt die Brunft ja erst an!«

»Ich ärgere mich nicht, Ibrahim. Wenn ich ihn gestreckt hätte, wäre ich wahrscheinlich nicht einmal so glücklich wie jetzt, da ich weiß, er lebt noch mit all seiner Kraft und Lebensfreude.«

Es ist dunkel in der Hütte, nur der Schein des aufflammenden Feuers huscht ab und zu erhellend über die Wände. Vor der halboffenen Tür steht die schwarze Nacht, mondlos und ohne Sterne. Hin und wieder tönt der juchende Eulenschrei, sonst ist nichts zu hören. Kyrill Maximowitsch hat sich auf das Lager gehockt, den Oberkörper auf den Arm gestützt. Ibrahim sitzt auf einem Klotz an der Feuerstelle, zwischen ihnen, am rohen Tisch, Nikolai und Kyra.

»Du hast nichts darauf zu sagen, Ibrahim? Na ja, ich weiß, was du denkst. Du denkst, was ist das für ein seltsamer Kerl dort hinter mir, der ein Forstmann sein will und der glücklich ist, wenn er den Finger am Gewehr nicht krumm gemacht hat? Ich nehm' dir's nicht übel, daß dir diese Gedanken kommen. Seit ich mit dir durch die Taiga ziehe, weiß ich, wie hart das Leben eines Mannes ist, den die Jagd ernähren muß. Damit du aber auch mich verstehen kannst, muß ich dir einmal etwas erzählen. Siehst du, als ich noch jung war, dachte ich über die Jagd nicht anders als du. Das Gut, das meinem Vater gehörte, hatte ein vortreffliches Revier und ich war so alt wie Kyra, als ich zum erstenmal das Gewehr lud, um einem Hirsch den Tod zu geben. Je älter ich wurde, desto mehr drängte es mich zum Jagen. Die Zeit, die ich in Petersburg verbrachte, um die Schule zu besuchen, wurde mir zur Qual. Ich zählte, kaum in der Stadt angekommen, zuerst die Monate, dann die Wochen, die Tage und schließlich die Stunden, die mich von dem Wald daheim trennten. Kam ich nach Hause, blieb schon in der ersten Nacht mein Bett unbenützt. Ich fuhr mit dem Wagen ins Revier, und der alte Aljoscha, ein Waldläufer meines Vaters, begleitete mich. Ein Wagen war nötig, mußt du wissen, denn ich schoß, was ich sah – und ich sah viel; Aljoscha wußte nämlich gut Bescheid. Manchmal schüttelte er zwar den Kopf und sagte: ›Söhnchen, Söhnchen, du solltest dir überlegen, was du tust. Du schießt das Beste vor der Zeit!‹ Ich hörte aber nicht auf ihn, denn wie ein Rausch kam das Bewußtsein über mich, wieviel Macht ich mit meinem Gewehr in der Hand hielt: ich war Herr über Leben und Tod! Ich konnte gnädig sein, wenn ich wollte, und hart und erbarmungslos, wenn mir der Sinn danach stand. Je gewaltiger, stolzer und vorsichtiger das Wild vor mir war, desto leidenschaftlicher schlug mir dieser Rausch ins Blut und gab nicht eher Ruhe, bis es überwunden vor mir lag. Die Leidenschaft wurde so mächtig in mir, daß ich meinen Vater bat, keine Jagdgesellschaft mehr einzuladen, ja, daß ich es ihm neidete, wenn er selbst oder meine beiden Brüder in meiner Abwesenheit ins Revier fuhren. Ich bestach den alten Aljoscha mit Geld, damit er sie falsch führen sollte. Ich ganz allein wollte die Macht spüren, die mir das Gewehr gab. Das eine Mal sagte Aljoscha zu mir, als wir mit einem Wagen voll Wild heimwärts fuhren: ›Was du tust, Söhnchen, ist nicht gut. Das Wild lebt nicht nur, um getötet zu werden, es lebt auch, um zu leben!‹ Ich lachte ihn aus: er sei zu alt, um noch zu verstehen, wie glücklich mich mein Leben machte. ›Das denkst du dir so, Söhnchen‹, sagte Aljoscha, ›und dabei verstehe ich nicht nur dich, sondern ich habe auch die Hirschkälber verstanden, die sich gerade gierig nach den Weidenknospen ausreckten, als du sie getroffen hast.‹ – Als ich das nächstemal von Petersburg nach Hause kam, mußte ich allein in den Wald fahren. Der alte Aljoscha war mit dem Winter davongegangen; wie das so ist mit alten Leuten, wenn das Frühjahr kommt. Und gerade jetzt sollte ich jene Begegnung haben, die mein Leben veränderte. Es war gegen den Mittag hin, und die Sonne meinte es gut. Ich bummelte auf einen sumpfigen Tümpel zu, der um diese Jahreszeit noch gut Wasser hatte. Ich war auf nichts Besonderes aus. Vielleicht ein paar Enten, dachte ich, oder eine Schnepfe, vielleicht sogar einen Seeadler, laß dich überraschen! Als ich nahe genug heran war, entdeckte ich zwischen dem hohen Schilf einen braunen Fleck. Im gleichen Augenblick hörte ich es auch planschen und sah, daß sich neben dem braunen ein roter Fleck bewegte: eine Elchkuh mit ihrem Kalb. Ich hatte nicht weiter auf den Wind geachtet, war nur vorsichtig gepirscht und stand nun den beiden auf zwanzig Schritte gegenüber. Während ich das Gewehr von der Schulter rutschen ließ, überlegte ich: du kannst dir Zeit lassen. Der Grund ist zäh, und die Kuh wird sich nicht schnell davonmachen, denn das Kalb ist noch sehr klein und sie läßt es nicht allein zurück. Ich ging noch ein paar Schritte näher und stand jetzt ungedeckt. Ich war ja der Mächtige, Ibrahim, ich hielt ja das Schicksal der beiden Tiere in der Hand. Ohne Vorsicht schob ich die Kugel in den Lauf. Da ließ mich heftiges Glucksen hochsehen. Die Alte im Sumpf hatte mich bemerkt. Sie warf den plumpen Leib mit einem Satz herum. Ich sah, wie sie mit einer Anstrengung ohnegleichen die starken Läufe aus dem Morast zog, wie ihre Augen aufquollen, wie sie böse zu mir herüberstarrte. Und ich sah, wie das Kalb seelenruhig an den jungen Blättern muffelte. Die Alte knuffte es, sicherte wieder zu mir hin, schnaubte in höchster Erregung und rempelte das Kalb ungeduldiger, das ahnungslos den Kopf nach mir drehte. Dann drängte es sich scheu hinter die Mutter, schwerfällig tapsend mit den staksigen Läufen. In diesem Augenblick sah die Elchkuh noch einmal über den Teich, geradeso, als wollte sie sich vergewissern, daß es unmöglich wäre, ihn mit dem Kalb zu durchwaten, um sich zu retten. Dann sprang sie in wilder Entschlossenheit auf mich zu. Sie nimmt dich an, dachte ich noch, und schon spritzte das Feuer. Der Schuß zeigte keine Wirkung. Gefehlt! Ich wußte, daß mir kaum Zeit bleiben würde, eine neue Patrone in den Lauf zu schieben. Ich zwang mich, nicht auf das Wild zu sehen. Der Verschluß knackte, ich riß das Gewehr hoch, drückte ab – nichts. Verklemmt! Ich sah die Vorderläufe der Elchkuh über mir, sprang zurück, ließ mich fallen – und genau neben mir stampfte die Alte auf. Ihr Kopf schlug an meine Schulter. Ich lag, ohne mich zu rühren. Die Stirn tief gesenkt, sah sie mich an. Dann nahm sie neuen Anlauf und ich wußte, gleich würde sie wieder hoch sein. Ich riß an meinem Gewehr herum und schon rumste der Schuß. Sie flog zur Seite und brach zusammen. Aus. Ihr Kopf lag so, daß ich nur die Hand auszustrecken brauchte, um ihn zu fassen, aber ich war so erregt, daß ich es nicht konnte. Ich saß ganz still und merkte, daß mir der Schweiß auf der Stirn stand. Ich richtete mich auf und sah das Kalb. Unbeholfen taperte es heran, laut fiepend reckte es den Kopf. Die Angst, ohne die Mutter zu sein, ließ es seine Scheu überwinden. Es kam näher, immer näher, sah die Alte ausgestreckt liegen, stakste zu ihr, stupste sie an, fiepte lauter, drängte sich an sie, suchte mit den hellen Lippen am Bauch, fuhr zurück, versuchte es noch einmal, knickte dann ein und legte sich an sie. Was nun, du Herr über Leben und Tod, sagte ich mir, was stehst du herum? Lade dein Gewehr und schieß! Oder willst du das Kalb sich selbst überlassen? Soll es verhungern oder verkümmern, bis ein Wolf sich seiner erbarmt oder die wildernden Hunde? Wer soll sich des Schwächlings annehmen, wer soll ihn führen? Also schieß! Vorhin, als du die beiden überrascht hast, wolltest du es doch auch! – Hatte ich es gewollt? Ich sah auf das Kalb, das unruhig den Kopf hob, die tote Elchkuh anstieß und immer noch leise vor sich hinfiepte. – Was soll ich dir noch erzählen, Ibrahim? Ich schoß nicht. Ich nahm das kleine Wild mit, lud es auf den Wagen und fuhr nach Hause. Ich brachte es an das Euter einer Kuh, baute ein Gatter am Teich, wo sich die Enten und Gänse tummelten. Aber sein Fell wurde struppig, seine Augen verloren den Glanz. Mit hängendem Kopf torkelte es umher. Was habe ich nicht alles getan, um dem Elchkalb das Leben zu erhalten. Vergebens. Eines Tages lag es tot auf dem Stroh. Siehst du, Ibrahim, in diesen Tagen, da ich ihm das Leben erzwingen wollte, begriff ich, daß ich nicht allein mit dem Gewehr jagen durfte, sondern daß der Verstand und das Herz dabei sein müssen und vor allem die Achtung vor den Geschöpfen, die Gott ebenso ins Leben rief wie uns Menschen. Muß ich dir sagen, daß ich lange kein Gewehr mehr anfaßte? Daß ich den Wald gemieden habe und eine Begegnung mit dem Wild fürchtete? Dann aber sagte ich mir, daß dieses Zusammentreffen eine tiefere Bedeutung hatte, und ich wollte ein Jäger im guten Sinne werden. Durch Freunde meines Vaters bekam ich eine Stellung im zaristischen Forstamt, und immer und überall warb ich für meine Idee, das Wild zu schützen und zu hegen. – Auf wieviel Verständnislosigkeit bin ich gestoßen, wieviel Feinde habe ich mir gemacht! Wer läßt sich in unserem weiten Lande gern Schranken setzen, und wenn es hundertmal der Zar selber will? Er ist ja weit weg. Wären nicht hier und da Männer gewesen, die so dachten wie ich, die Mutlosigkeit hätte mich gepackt. Trotzdem bin ich immer sehr allein gewesen. Vielleicht liegt es an mir selbst, an meiner ungeduldigen, aufbrausenden Natur. Immerhin gibt es für Rußland nun ein Jagdgesetz, zu dem ich meinen Teil beigetragen habe. Es ist spät gekommen, sehr spät, und hier in Sibirien wird es nicht anders werden. Aber wenn ich einmal eine Aufgabe erkannt habe, muß ich dann nicht alles daransetzen, um sie zu erfüllen? Mein Ziel war einmal viel weiter gesteckt. Ich wollte aus Rußland einen einzigen riesigen Tierpark machen. Ich bin bescheiden geworden. Ich wäre glücklich, wenn ich erreichen könnte, daß von den vielen Tierarten, die in unserem Lande ihre Heimat haben, wenigstens ein Rest erhalten bleibt, damit man sie nicht in einigen Jahren nur noch im Museum bestaunen kann. Denn sonst müßte uns die Scham vor uns selber, vor dem Raubtier in uns, keine Stunde mehr zur Ruhe kommen lassen.«

Von draußen weht der kühle Atem der Nacht in die Hütte, und in das Geraschel der Bäume schrillt wieder der spitze Eulenschrei.

»Es ist gut, daß du mir das einmal erzählt hast, Herr, denn nun weiß ich, daß du nicht zu uns gekommen bist, weil du als Beamter eben etwas zu tun haben mußt. Schade, Herr, daß du es nicht jedem einzelnen genauso sagen kannst.«

Als Nikolai das hört, beginnt sein Kopf zu glühen. Vater, denkt er, du hast ihn also auch verstanden. Ich auch, ich auch! Und plötzlich hört er sich zu seinem eigenen Erschrecken laut fragen:

»Muß man denn auch Beamter werden, wenn man dir helfen will, Herr?«

»Beamter? Nein, Söhnchen.«

»Aber wovon soll man leben, wenn man kein Jäger mehr ist?« fragt Ibrahim.

»Das zaristische Forstamt bezahlt seine Wildhüter nicht schlecht.«

»Hm«, macht Nikolais Vater.

Der Forstbeamte ist klug genug, nichts weiter zu sagen oder zu fragen. ›Ich habe nur eine Hilfe an ihm und dem Jungen, wenn sie ganz von selbst kommen‹, denkt er.

»Wir wollen ein Licht anzünden und endlich essen.« Der Forstbeamte tastet in der Dunkelheit nach dem Rucksack. Ibrahim hebt ein brennendes Scheit hoch, um mehr Helligkeit in die Hütte zu bringen. Sein Blick geht zu den Kindern hinüber, und er sieht, daß Kyras Hand auf Nikolais Faust liegt. Sie hat also auch begriffen, was Nikolai vorhin mit dem »Helfen« gemeint hat, denkt er.

Noch während sie beim Essen sitzen, fährt ein schnell aufgekommener Wind durch den Wald. Er reißt an den Bäumen, daß sie ächzend und stöhnend schwanken. Mit heftigem Knall bläst er die Hüttentür zurück. Sie schlägt gegen die Wand. Hellauf lodert die Glut. Die Funken tanzen. Ibrahim Karalkan steht auf, um die Tür zurückzuholen. Er bleibt eine Weile im Freien und sieht nach dem dunklen, jagenden Gewölk.

»Es wird Herbst, Herr. Wir werden heute noch ein bißchen feuern müssen.«

»Dann wollen wir uns mit der Heimfahrt beeilen. Auf Frost sind wir nicht eingerichtet.«

Als die Männer noch einmal Holz kleinmachen für die Nacht, paßt sich Nikolai einen günstigen Augenblick ab.

»Wenn du meine Decke willst, Kyra, brauchst du es nur zu sagen. Ich krieche mit unter Vaters Pelz.«

»Ist gut, Nikolai.«

Am anderen Morgen schießt Kyrill Maximowitsch den alten Elch. Er setzt ihm die Kugel so sauber aufs Blatt, daß der Kapitale nicht einmal mehr den Knall gehört haben kann. Gewaltig in seiner Größe liegt das Wild vor ihnen, das Haupt mit den mächtigen Schaufeln flach auf den Boden gestreckt. »Jetzt haben wir Fleisch für die Heimfahrt, Herr, nun kann es losgehen.«

»Ja, Ibrahim.«

Das Fäßchen ist leer

Das erste, das ihnen die Nähe der Siedlungen ankündigt, sind die schnell aus Brettern zusammengeschlagenen Kisten, die an den Waldrändern stehen oder an geschützten Stellen in der Heide.

»Wenn ihnen Michail Iwanowitsch nur kein Schnippchen schlägt und sich an der Preiselbeerernte gütlich tut«, sagt Nikolai, »dann war alle Mühe umsonst.«

»Die Beeren sind noch in den Kisten. Also war der Aufkäufer noch nicht da.«

»Bestimmt nicht, Herr. Es sind auf seinem Weg die letzten Häuser, und die Beeren bleiben immer stehen, bis der Frost kommt«, antwortet Ibrahim.

»Fragt der Aufkäufer nicht auch nach Fellen?«

»Gewiß, Herr.«

»Dann wollen wir gleich nach Schlingen Ausschau halten. Kommt!«

Sie streifen einen Tag durch den Wald. Nikolai muß mit Kyra gehen, um ihr zu zeigen, wie man ein Eisen unschädlich macht und die Drahtschlingen wegnimmt. Sie finden am Wasser das Gerippe einer Auerhenne, die sich in einer Schlinge erdrosselt hat, außerdem ein erwürgtes Eichhörnchen, um das sich die Krähen zanken.

Unterdessen geht der Forstbeamte dem Laut des Beilschlages nach, der weithin durch den Wald dringt. Die beiden Männer, vor denen er plötzlich auftaucht, richten sich erschrocken hoch und lassen die Äxte fallen, mit denen sie auf eine hohe Zirbelkiefer eingeschlagen haben. In der Nähe liegt ein ebensolcher Zirbelriese, und mehrere Frauen und eine Schar Kinder hocken in den Zweigen der mächtigen Krone.

»Was macht ihr da?« fragt Kyrill Maximowitsch, an die Leute herantretend.

Die Männer verneigen sich, denn sie kennen den hohen Herrn schon.

»Wie du siehst, pflücken wir Zirbelnüsse. Der Aufkäufer aus der Stadt nimmt sie gerne, Herr.«

»Ach«, sagt Kyrill Maximowitsch und tut wie selbstverständlich, »und damit es einfacher geht, hackt ihr den Baum zum Pflücken einfach um?«

»Ja, Herr, das machen wir so – schon immer.«

»Hm. Und was macht ihr mit dem Holz?«

»Mit dem Stamm? Den lassen wir liegen, Herr.«

»Könnt ihr kein Holz gebrauchen?«

»Das schon, aber die schweren Stämme kleinmachen und bis ins Dorf bringen? Nein, Herr, das macht zu viel Arbeit. Solange noch Wald um das Dorf ist, holen wir unser Holz von dort.«

»Aha. Ihr wollt also nur die Nüsse.«

»Ja, Herr.«

»Wenn ihr sie vom ungeschlagenen Baum pflücken würdet, könntet ihr ihn noch viele Jahre abernten!«

»Gewiß, aber es ist zu mühsam, Herr. Sieh, er ist sehr hoch, und wie leicht könnte man herunterstürzen. Nein, nein, solange es noch genug Zirbeln gibt . . .«

»Ja, solange es noch welche gibt, werdet ihr es so machen. Ich weiß.« Also werde ich auch dies verbieten müssen, denkt er und würgt den schnell aufkommenden Zorn erst einmal wieder hinunter.

Sie finden viele Schlingen auf ihrer Heimfahrt, denn sie machen immer wieder halt. Die Zeit, in der die Pelzjäger ausziehen, beginnt, wenn den Tieren das Winterfell wächst. Und diese Zeit ist nun gekommen.

So schnell wie der Frühling durch Sibirien zieht, so kurzlebig ist auch der Herbst. Aber die wenige Zeit, die ihm bleibt, bis der Winter seinen Platz fordert, nützt er. Beinahe über Nacht schwelgt die Taiga in leuchtenden Farben: violetten ist die Heide aufgeblüht, feuerrot hängen die dicken Beerendolden von den Ebereschen, golden und rotbraun glüht das Laub zwischen dem satten Grün des Nadelholzes. Wenn die vier aber morgens in aller Frühe aus der Hütte treten, liegt über dem Land schon der Rauhreif, von dem man nicht genau weiß, ob er noch zum Gefolge des Herbstes gehört oder schon ein Quartiermacher des Winters ist. Die gelben Spitzen des hohen Schilfes hat er zu eisigen Lanzen geformt und die traurigen braunen Farnwedel fürstlich mit Silber herausgeputzt.

Eilig strebt das Boot Baltschara entgegen.

Bei Lewin machen sie halt. Der Alte läßt sich nicht blicken. Ibrahim Karalkan sucht ihn in seiner Hütte.

»Mit den Fischgärten ist es nichts, wenn du deshalb gekommen bist, Kaukasier!«

»Ich habe es nicht anders erwartet. Wir sind länger ausgeblieben, als ich dachte.«

Lewin sieht gelangweilt ins Feuer.

»Der Russe aus Repalovo hat mir mehr gegeben, als ich von

dir die Jahre vorher bekommen habe. Aber er wird es nicht bereuen. Die Gärten sind schon gut besetzt.« Lewin sieht, wie es in Ibrahims Gesicht arbeitet. »Du hast ja bessere Arbeit gefunden – holst Polizisten, damit sie Ostjaken einlochen!«

Es hat sich also herumgesprochen, denkt Ibrahim.

»Warum kommst du eigentlich noch zu mir?« fragt Lewin. Er sieht den Jäger nicht an dabei.

»Ich will dir einen Hund abkaufen.«

»Einen Hund?« Lewin schielt böse von unten her. »Du hast doch drei, die reichen für dich.«

»Ja, schon, aber in diesem Jahr wird mein Nikolai mit zur Jagd gehen.«

»So, so. Was wird er denn jagen, dein Nikolai?«

»Ach, red nicht! Was soll die starke braune Laika kosten, von der mein Graukopf stammt?«

»Nichts – für dich nichts – denn ich verkaufe sie dir nicht!«

Lewin dreht ihm den Rücken zu.

Jetzt wirft Ibrahim seinen Köder aus:

»Ich könnte das Fäßchen mitnehmen zu Wassiljew.«

»Das Fäßchen?« kreischt es plötzlich aus der Ecke, in der die alte Ostjakin bisher wortlos gehockt hat. »Hast du gehört, das Fäßchen!«

»Halt's Maul!« brummt Lewin hinüber. Aber er brummt es eben nur.

»Ja, das Fäßchen könnte ich mitnehmen«, wiederholt Ibrahim laut. »Und was brauchst du noch?«

»Für wen willst du den Hund?«

»Für den Herrn.«

»Für den Herrn?« Lewin fährt herum wie von einer Wespe gestochen. »Lieber schlage ich dem Köter den Schädel ein und werfe ihn in den Fischgarten. Mir scheint, du hast den Verstand verloren. Alle Geister des Waldes hätte ich gegen mich, wenn ich dem Teufel aus Petersburg auch noch einen Hund verkaufen würde!«

»Und das Fäßchen?«

»Ach, laß mich mit dem Fäßchen in Ruhe! Ich brauche das stinkige Geld des Herrn nicht. Der Fischer aus Repalovo hat mir genug Geld . . .«

»Aber das Fäßchen ist leer!« kreischt es erneut aus der Ecke.

»Wen Trum mit einer solchen Schlampe straft, wie du eine bist, bei dem wird das Fäßchen immer leer sein!«

Und doch gibt das Fäßchen zuletzt den Ausschlag, daß Ibrahim die braune Hündin bekommt.

Inzwischen stehen der Forstbeamte, Kyra und Nikolai am Altwasser, wo zwei Wehre aus dicht an dicht eingeschlagenen Pfählen den Fischgarten begrenzen. Im oberen Wehr ist in der Mitte ein schmales Einschlupfloch gelassen, vor dem ein Netzsack hängt.

»Es wimmelt schon ganz schön hier drin«, sagt Kyra und zeigt in das abgeteilte Stück des Wassers.

»Ja, jetzt wandern die Fische wieder abwärts«, erklärt Nikolai, »da schlüpfen sie durch das Netz, weil sie keinen anderen Weg finden. Rein können sie, aber raus nicht mehr!«

»Du weißt gut Bescheid, Nikolai«, sagt der Forstbeamte.

»Das stimmt. Mein Vater hatte diesen Fischgarten jahrelang von Lewin gepachtet.«

»Ach!« Kyrill Maximowitsch sieht ihn an. »Und in diesem Jahr?«

»In diesem Jahr hat ihn ein anderer, weil ...«

»Weil dein Vater mit mir gehen mußte. – Bringt es viel ein?«

»Meistens schon, wenn es nicht zu spät Frost gibt, denn erst dann können die Fische herausgeholt werden, sonst verderben sie auf der Fahrt.«

»Und wenn der Frost auf sich warten läßt, kosten die Gärten viel Futter, nicht wahr?«

»Ja, Herr.«

»Was dein Vater alles versteht!« Kyrill Maximowitsch sieht Nikolai an.

»Ja, du hast recht«, sagt Nikolai stolz.

Als sie zur Hütte zurückgehen, sehen sie, daß Nikolais Vater schon auf sie wartet. Er steht mit einem Hund und einem Schnapsfäßchen da.

»Jetzt brauchst du noch Schneeschuhe, Herr, und dann bist du für den Winter gerüstet«, sagt er.

»Woher werde ich Schneeschuhe bekommen, Ibrahim?«

»Wenn es dir recht ist, bekommst du sie von mir. Ich habe mehr als ein Paar daheim.«

Kyra und Nikolai gehen vorsichtig an die neue Laika heran, die ihnen feindselig engegenknurrt, werfen ihr Fischstücke hin und reden auf sie ein. Dabei achten sie nicht darauf, was die Väter miteinander besprechen.

»Mach dir um die Ausrüstung der neuen Reise keine Sorgen, Herr!«

Der Forstbeamte steht Ibrahim nahe gegenüber. Er sieht in das stolze, aufrechte Gesicht. Ein großes Vertrauen zu diesem Mann kommt über ihn, ein Vertrauen, wie er es selten zu einem Menschen empfunden hat.

»Wirst du weiterhin mit mir gehen, Ibrahim?«

Der Jäger begreift sofort die tiefe Bedeutung dieser Frage, und sie versetzt ihn in freudige Erregung. Er gibt mir die Freiheit, wieder selber zu entscheiden!

»Wenn du es möchtest – ja, Herr.«

»Ich danke dir!« sagt Kyrill Maximowitsch und legt ihm die Hand auf die Schulter.

Wassiljew zählt Geld

Es dauert ein paar Wochen, bis die beiden Männer die nächste Reise antreten. Der Forstbeamte überläßt es Ibrahim Karalkan, die neue Fahrt vorzubereiten: die erste Reise, die in die winterliche Taiga führen wird. Er selbst fertigt Kartenskizzen an und macht Vorschläge zu dem Jagdgesetz für Sibirien. Dazu schreibt er seinen Bericht nach Petersburg.

... am notwendigsten aber ist es, den Sibiriern das Verständnis für die Tiere beizubringen. Es wird schwer sein, und es wird nicht ohne Zwang gehen – leider. Dazu gehören viele Beamte!

So schließt er seinen Brief. Den Gouverneur in Tobolsk aber bittet er noch einmal, alle Polizeistationen dringend anzuweisen, die Händler und Aufkäufer streng zu kontrollieren und jeden Zobelbalg zu beschlagnahmen. Zum Schluß fragt Kyrill Maximowitsch an, ob er die angebotene Gastfreundschaft den Winter über für seine Tochter in Anspruch nehmen dürfe. Davon sagt er Kyra vorerst nichts.

In diesen Wochen ist Kyra oft bei Nikolai daheim. Es sind nicht nur Susbekas junge verspielte Hunde, es sind auch nicht die kurzen Fahrten mit dem Schleppnetz auf der Konda, die Kyra in das Haus des Jägers ziehen. Was Kyra hauptsächlich dorthin treibt, ist Nikolais Mutter. Damals, als Tamara Karalkana mit dem Polizisten durchs Dorf ging, um für die Flucht ihres Mannes eingesperrt zu werden, hatte Kyra sie von weitem gesehen. Jetzt aber betrachtet sie die Frau aus der Nähe, und Kyra muß immer wieder in das schmale Gesicht mit den großen braunen Augen sehen, die sie voller Güte anblicken.

Stundenlang sieht Kyra ihr bei der Arbeit zu: wenn sie Brotteig knetet und die großen Laibe in den Ofen schiebt, wenn sie Preiselbeeren einzuckert und in Steintöpfe schichtet, wenn sie Fische salzt oder zum Räuchern aufspießt. Kyra geht neben ihr, wenn sie Wasser holt, die Eimer rechts und links an die Schulterstange gehängt. Dabei horcht sie immer auf den seltsamen Klang, mit dem Nikolais Mutter das Russisch von den Lippen kommt. Manchmal, wenn Nikolai und der Vater draußen beim Kleinholzmachen sind, sitzt sie mit ihr allein in der Stube

»Nikolai hat seinen Kittel zerrissen«, sagt die Mutter dann, »und der Vater braucht Strümpfe. Ach, die Männer machen einem schon Arbeit!« Sie seufzt, aber sie sieht dabei nicht aus, als ob sie böse darüber wäre.

»Darf ich dir helfen, Mütterchen Tamara?« fragt Kyra.

»Wenn du willst, Seelchen?«

»Aber ich habe so etwas noch nie getan!«

»Das macht nichts. Ich zeig' es dir.«

Ein paar Augenblicke später stichelt Kyra mit Nadel und Faden.

»Wenn ich es gut kann, so gut wie du, Mütterchen, dann braucht Bürgermeisters Mascha es nicht mehr für uns zu tun.«

Wenn sie so allein miteinander in der Stube sitzen, braucht Tamara Karalkana nur nach Kyras Mutter zu fragen und Kyra beginnt, mit glänzenden Augen von ihr zu erzählen. Dabei kommt sie vom Hundertsten ins Tausendste. Sie erzählt von Petersburg, von der Wohnung, von dem alten tatarischen Diener Sultan, sie erzählt von den Reisen mit den Eltern, von den Jagden, von den Geschichten, die ihr die Mutter erzählt hat, und den Liedern, die sie mit ihr gesungen hat.

Tamara Karalkana läßt Kyra reden, und sie denkt: wie mag ihr die Mutter fehlen, ohne daß es ihr bewußt wird. Nun wirft Kyra all ihre Liebe auf den Vater und mag sich nicht von ihm trennen und bleibt sogar bei ihm in diesem einsamen, verlorenen Dorf.

Nikolais Mutter setzt den Korb auf den Tisch, in dem sie Wolle und Flicken aufbewahrt und der bis jetzt zwischen ihnen auf der Bank gestanden hat. Sie rücken enger zusammen, ohne erst von ihrer Arbeit aufzusehen.

»Mütterchen Tamara, jetzt erzähl du ein bißchen! Ich möchte gern etwas von deiner Heimat hören. Aber sieh vorher noch, ob ich das Loch gut gestopft habe.«

»Ja, Seelchen, hast es recht gemacht.«

»Bestimmt?«

»Bestimmt!« Nikolais Mutter streicht Kyra über die braunen Locken.

Als der Forstbeamte es für an der Zeit hält, Kyra davon zu unterrichten, worum er den Gouverneur gebeten hat, sagt sie: »Ich hab' es mir längst gedacht, daß du Nikolai und mich diesmal nicht mitnehmen willst, denn du hast ja für uns nichts vorbereiten lassen. Zum Gouverneur gehe ich aber nicht! Ich bleibe in Baltschara.«

»Du kannst doch nicht allein in diesem Hause . . .«

»Nein, ich warte bei Tamara Karalkana und Nikolai auf dich.«

»Wie kommst du auf diesen Gedanken?«

»Wir haben es schon lange miteinander besprochen.«

»Kyra! Wie kannst du hinter meinem Rücken . . .«

»Ach, Väterchen!« Sie schlingt die Arme stürmisch um seinen Hals. »Sag nichts dagegen, laß mich bitte zu Mütterchen Tamara gehen!«

Am Tage vor der Abfahrt muß Ibrahim Karalkan noch einmal zu Wassiljew. Hinter dem Vater tritt Nikolai durch die Tür. Es ist dunkel im Laden, und die alte, rostige Petroleumlampe blakt vergebens gegen die Düsternis an.

»Wassiljew!« ruft Ibrahim, »dreh die Lampe höher, ich will mir nicht die Beine brechen!«

Behende dienernd, schusselt Wassiljew aus seinem Verschlag.

»Oh, verzeih, Ibrahim, ich war wohl eingenickt. Ich habe dich nicht kommen hören!«

Der gelbe Flammenkegel schiebt sich über dem Brenner züngelnd wie ein Schlangenkopf in die Höhe.

»Du und eingenickt!« lacht Ibrahim. »Du wirst dein Geld gezählt haben!«

»Hör davon auf!« Wassiljew steht vor Ibrahim und ringt die fleischigen Hände. »Was für Geld soll ich zählen, hm? Wenn Nachbars Natalja einen Liter Petroleum holt oder Bürgermeisters Mascha ein halbes Pud Salz, dann brauchst du nicht viel Geld zählen. Oh, Ibrahim, wenn ich an andere Jahre denke! Mein Schuppen füllte sich von einem Tag zum andern mehr mit Fellen und Geweihen, und der Aufkäufer kam oft, sehr oft. Und erst um diese Zeit! Ach! Tag für Tag brachten die Pelzjäger mir Eichhörnchen, Marder, Füchse, Otter – Zobel! Was wird in diesem Jahr sein, wenn der Aufkäufer kommt, bevor die Messen in Irbit und Nischni Nowgorod beginnen? Ich werde mit leeren Händen dastehen – mit leeren Händen!« Die Ellbogen auf den Bauch gestützt, schiebt Wassiljew die gefalteten Hände unter sein schweres Doppelkinn, das wie Kuchenteig darüberquillt.

»Warum sagst du mir das?« fragt Ibrahim und geht an den Ladentisch. »Wir wissen beide, daß es sich nicht ändern läßt.«

Wassiljew wechselt die Pose. Der biedere, niedergeschlagene Mann wird zum geschäftstüchtigen Krämer.

»Du mußt wieder mit dem Herrn reisen, ich weiß, Ibrahim, aber sollte dir nicht Gelegenheit bleiben, auch ein bißchen auf eigene Faust zu jagen?« Wassiljews Augen blitzen Ibrahim an. »Keiner jagt wie du, keiner weiß besser Bescheid in der Taiga.« Er zeigt mit dem Daumen hinter sich, in Richtung auf das Haus, das der Forstbeamte bewohnt. »Der am wenigsten!« Die dicke Zunge des Krämers fährt anfeuchtend über die Lippen. »Ich zahle gut! In diesem Jahr besonders, Ibrahim. Und ich bin stumm wie ein Fisch, verstehst du?«

Nikolai, der bis jetzt an der Tür gestanden hat, sieht in wachsender Erregung zum Vater hinüber.

»Manchmal geschehen Wunder – und Fische lernen schnell reden, wenn man sie ans Land wirft«, sagt Ibrahim und lächelt undurchsichtig.

»Hast du so etwas schon erlebt?« lacht Wassiljew überlaut, als hätte er einen guten Witz gemacht.

»Nein, Wassiljew, und ich will es auch nicht erleben. Aber Pawel Iljitsch weiß ein Lied davon zu singen!« Schroff wendet sich Ibrahim Karalkan ab. Nikolai grinst breit übers Gesicht. Gut gemacht, Vater!

»Ich brauche eine gute Axt, Wassiljew. Zeig her, was du da hast!«

»Gewiß, gewiß.« Wassiljew ist erleichtert, von etwas anderem sprechen zu können. Er weiß nur zu gut, worauf Ibrahim hinaus wollte. »Es geht also wieder fort?« fängt er jetzt von dieser Seite an.

»Wahrscheinlich.«

»Noch nicht so bald? Der Herr hat Launen, was? Na, ja. Darf's ein Schnäpschen sein, Ibrahim?«

»Ein Schnäpschen nicht, aber die Pfeife stopf' ich mir.«

»Die Pfeife, ja, gewiß doch.«

Als der Tabak rot aufglüht, fragt Wassiljew weiter:

»Wird es wieder an die Konda gehen?«

»Dich haben wohl die Jäger beauftragt, mich auszuhorchen – oder tust du es von dir aus? – Hier, diese Axt nehme ich.«

Nikolai lehnt regungslos an der Tür. Er hat alles beobachtet. Plötzlich fällt ihm in dem vertrauten Laden etwas auf.

»Gehst du jetzt etwa selber zur Jagd, Wassiljew?«

»Ich? Aber, Söhnchen, wie kommst du auf so etwas? Ich denke nicht daran.«

»Dann hast du deinen Drilling doch nicht etwa verkauft?«

»Meinen Drilling? Wo werd' ich denn! Nein, nein, mein schönes Gewehr würde ich niemals verkaufen.«

Der Übereifer, mit dem er dies beteuert, macht Ibrahim stutzig. Er versucht, den Krämer mit dem Blick zu fassen.

»Ich habe es weggenommen«, spricht Wassiljew weiter. »Es stach zu vielen in die Augen. Ich hatte Angst, daß man es mir stiehlt. Das war es!«

»Aha, das war es. — Gib mir noch ein Pud Hafermehl, Wassiljew.«

»Für die Hunde auf der Reise«, sagt der Krämer, um Ibrahim eine Antwort zu entlocken. Aber er hat kein Glück. Als er das Hafermehl abwiegt, sagt er:

»Ein Pud ist wenig, da kann man nicht lange unterwegs sein.«

»Wenn' s weiter nichts ist! Jeder Krämer verkauft uns etwas.«

Ibrahim zählt das Geld auf den Tisch und geht mit Nikolai aus dem Laden.

Als sie am Hause des Forstbeamten vorbeigehen, sagt Nikolai: »Du bist jetzt ganz auf seiner Seite, Vater.«

»Ganz auf seiner Seite, Kolja? Ich weiß nicht. Ich denke viel über das nach, was Kyrill Maximowitsch spricht. Mein Verstand sagt mir, daß es wahr ist, wenn er sagt: Gewehr und Patronen geben uns kein Recht zu morden. Oft denke ich, bei ihm ist ein Sinn hinter allem, und er hätte viel mehr das Zeug zum Popen als unser saufseliger ehrwürdiger Vater. Wären nur die anderen Gedanken nicht bei mir, die immer wieder verlangen: frei sein! Allein durch den Wald gehen, selber Herr sein und keinem anderen dienen. Wären diese Gedanken nicht, ich könnte aus vollem Herzen sagen: ja, ich bin ganz auf seiner Seite.«

Am Morgen, als sie aufbrechen, ist der Boden hart gefroren. Der Wagen schüttelt sie über die ausgefahrenen, gestern noch schlammigen Gleise. Das Eis auf den Pfützen splittert und klirrt wie Glas. Reifstarr ist das Gras. Die leergewehten braunen Birkenäste schwingen mit den gefrorenen Wassertropfen im kalten Nordwind. Sacht flockt es vom grauverhangenen Himmel.

»Erst Ende September und schon Schnee!« brummt Kyrill Maximowitsch vor sich hin.

»Der Winter kommt zeitig, Herr. So ist es eben bei uns.«

»Wir werden viel Arbeit haben, mehr als im Sommer. Das ganze Dorf ist auf die Jagd gezogen, oder hat nur auf unsere Abreise gewartet.«

»Die Leute brauchen das Geld, Herr.«

»Zum Versaufen!«

»Ja, Herr.«

Ihr Plan für diese Reise ist bis ins einzelne festgelegt. Sie werden bald hier, bald dort die Jagdhütten unsicher machen. Unsicherheit, das ist es, was Kyrill Maximowitsch erreichen will. Er ist sich im klaren, daß er den Zobelfang in diesem Winter nicht völlig verhindern kann, aber wenn er die Jäger mißtrauisch macht, ist schon vieles erreicht.

Die Konda entlang, schieben sie sich wieder in die Taiga. Sie wechseln die Pferde in den Dörfern, schlafen bei den Bürgermeistern und fahren weiter. Ohne ein Wort darüber zu verlieren, weiß der Forstbeamte, daß er noch zu keiner Zeit so sehr auf Ibrahims Führung angewiesen war wie jetzt. Wenn Ibrahim es nicht ehrlich meint, werden sie keinen Pelzjäger und kaum eine Hütte zu sehen bekommen. Und Ibrahim weiß, daß er bei den Jägern verhaßt sein wird wie noch nie.

Nach einigen Reisetagen verlassen sie die Straße. Der Tarantas bleibt im Dorf zurück, die Pferde werden bepackt, und der Ritt in den Urwald beginnt. So überraschend sie aber auftauchen, immer finden sie Hütten leer, und immer sieht es aus, als ob sie gerade erst verlassen worden seien. Einmal liegt frischgehacktes Holz vor der Tür, ein andermal ist die Feuerstelle noch lau, oder es hängt noch ein Geruch von gebratenem Fleisch an den hölzernen Wänden. Was Ibrahim immer wieder vergeblich sucht, sind Streichhölzer. Und weil sie in jeder Hütte fehlen, weiß er, daß es kein Zufall ist. Die Jäger haben wahrscheinlich untereinander abgemacht, das ungeschriebene Gesetz, immer Streichhölzer in der Hütte zurückzulassen, zu durchbrechen. Vielleicht hoffen sie, den Aufpasser auf diese Weise loszuwerden. Denn wen plötzlich Kälte in der Taiga überrascht, der ist auch in einer Jagdhütte verloren, wenn er kein Feuer anzünden kann.

Bald kommt den beiden Männern der zunehmende Schneefall

zu Hilfe. Jetzt finden sie die Spuren der Tiere leicht – aber auch die der Jäger. Der Haß auf den Forstbeamten wächst mit jeder Begegnung. Wen er mit Schlingen oder Eisen antrifft, dem nimmt er sie ab. Die Schlingen schneidet er kurz und klein, oder wirft sie ins Feuer. Die Eisen versenkt er in die Flüsse.

»Schießt, wenn ihr jagen wollt!« sagt er.

»Eine teure Patrone für ein Eichhörnchen? Und womöglich trifft sie noch nicht! Wo denkst du hin, Herr!«

»Habt ihr schon einmal gesehen, welch elenden Tod ein Tier in der Schlinge stirbt?«

»Dafür ist es ein Tier.«

Ibrahim sieht, wie der Forstbeamte nach der Reitpeitsche im Stiefelschaft langt.

»Herr«, sagt er ruhig, »vergiß nicht, daß du der erste bist, der ihnen so etwas vorhält.«

Als sie am Abend in einer Hütte sitzen, sagt der Forstbeamte:

»Ich wünschte mir deine besonnene Art, Ibrahim.«

»Du kannst sie dir erzwingen. Ich habe es auch müssen.«

»Wie? Du warst auch ein Hitzkopf?«

»Ja, Herr. – Dann kam das, weswegen ich hier in Sibirien bin, und es kamen die schweren Jahre, die manchmal kaum zu ertragen waren. Siehst du, da wird vieles anders.«

»Weshalb bist du hier, Ibrahim? Oder willst du nicht davon sprechen?«

»Warum nicht, Herr?«

»Dann gib uns erst noch einen Becher Tee und nimm ordentlich Wodka dazu. Ich glaube, es wird kalt heute nacht.«

»Ja, Herr, der Wind pfeift schneidend, und wenn mich nicht alles täuscht, sind auch die Grauhunde unterwegs. Vorhin das Heulen war nicht allein der Wind.«

»Wölfe? – Dann müssen wir auf die Pferde aufpassen.«

Ibrahim setzt die Pfeife in Brand, schlürft das heiße Getränk und lehnt sich zurück.

»Vor zwanzig Jahren, im Frühsommer war es. Mein Vater, mußt du wissen, züchtete Pferde. Unser Besitz war dafür eigentlich zu klein, aber er hatte nun einmal sein Herz daran verloren. Den Sommer über weideten sie in den Bergen, erst wenn Schnee fiel, holten wir sie heim. In diesem Frühsommer waren fünf unserer Stuten gestohlen worden, und weil es die besten waren, konnte es nur einer getan haben, einer, der genau Bescheid wußte: ein entfernter Verwandter unserer Familie. Er war ein Lebemann, der seinen Besitz nach und nach in den Weinkneipen von

Tiflis durchgebracht hatte. Nun brauchte er neues Geld. Wir dachten uns, daß der Pferdedieb wiederkommen würde, sobald das Geld alle wäre, und ich zog in die Berge, um mit dem Gewehr über die Tiere zu wachen. In der einen Nacht ging ein furchtbares Gewitter nieder. Das war im Sommer nichts Ungewöhnliches, und im Gebirge sind die Gewitter härter als im flachen Land. In dieser Nacht kam der Pferdedieb tatsächlich wieder, und der Blitz erschlug ihn. Ich wußte es nicht. Russische Polizisten fanden ihn. Was soll ich viel erzählen, Herr? Man holte mich eines Nachts aus dem Hause. Ist dir bekannt, Herr, wie tief die Kluft zwischen den russischen Beamten und den kaukasischen Grundbesitzern ist? Und weißt du, wie es gemacht wird, wenn man jemanden unbedingt verurteilen will? – Mein Vater setzte alles daran, mich frei zu bekommen, denn siehst du, der Tote selbst, der keine Wunde hatte, war ja der beste Beweis meiner Unschuld. Mein Vater ist ein armer Mann geworden. Für mich und Tamara aber, die freiwillig mit mir ging, begann der Weg nach Sibirien. Es ist ein weiter Weg vom Kaukasus bis hierher. Die russischen Gefängnisse sind keine Hospitäler und die Gefängnisaufseher keine frommen Schwestern.« Ibrahim nimmt einen Schluck. »Die schweren Ketten an den Händen sind nicht das Schlimmste, Herr. Man lernt es mit der Zeit, sich davon zu befreien. Aber das Bewußtsein, für nichts, für gar nichts mußt du nun nach Sibirien, zeit deines Lebens, dieses Bewußtsein ist schwerer zu ertragen. Aber auch daran gewöhnt man sich auf dem endlosen Weg, wenn man lange genug dagegen angerannt ist, so lange, daß man zuletzt nicht mehr denken, nicht mehr mit den Zähnen knirschen und nicht mehr die Fäuste ballen kann. An was ich mich aber nie gewöhnen konnte, das war das Bergwerk, in dem ich arbeiten mußte. Immer Nacht um mich her. Morgens im Dunkel ging es hinunter, und abends kamen wir wieder im Dunkeln herauf. Was dazwischen lag, war Finsternis. Kein Sonnenstrahl, kein Windzug, kein Vogelruf, kein grüner Baum. Nach einigen Wochen wußte ich: wenn dich die Arbeit nicht kleinkriegt, das andere zerbricht dich. Und es hätte mich zerbrochen, wenn Tamara nicht gewesen wäre. Tamara war immer eine gläubige Christin, aber nie hat sie fester geglaubt als in dieser Zeit. Wenn ich sagte: ›Warum läßt Gott zu, daß mir dieses Unrecht geschieht?‹ dann sagte Tamara: ›Gott hat auch zugelassen, daß sie seinen Sohn ans Kreuz schlugen. Glaub mir, er hat uns nicht vergessen.‹ Das sagte Tamara, Herr, die noch viel verzweifelter hätte sein können als ich. – Nach drei Jahren hatte mein Vater die

Freilassung erreicht. Ich wurde frei — für die Ansiedlung in Sibirien. In diesen drei Jahren war mir das Hitzköpfigsein vergangen, Herr.« Ibrahim Karalkan lacht auf. »Drei Jahre mit Verbrechern zusammenleben müssen und dazu mit Aufsehern, die nicht wissen, wie sie den Federhalter anfassen sollen, um ihre Namen zu schreiben, die dafür die Nagaika immer in der groben Faust halten. — Herr, glaub mir, wäre nicht Tamara an jedem Abend in dieser kurzen Stunde dagewesen, bis die Müdigkeit mich umfallen ließ, ich glaubte heute nicht mehr, daß in der Brust eines jeden Menschen ein Herz schlägt. Manchmal, wenn ich jetzt über ein Moor gehen muß, überkommt mich die Erinnerung an die drei Jahre, und das Glucksen unter meinen Füßen klingt in meinen Ohren wie all die Flüche, Verwünschungen, die gemeinen, unflätigen Redensarten, die ich Tag für Tag – ach, laß uns von etwas anderem sprechen, Herr!«

Kyrill Maximowitsch sieht den Jäger an. Ibrahims Blick geht weit fort. Sein Gesicht ist durch die Erinnerung seltsam verändert.

»Ich habe dich einmal sehr beschimpft, Ibrahim«, sagt der Forstbeamte, »ich würde es gern ungeschehen machen.«

Feine Leute haben feinen Schnaps

Vom ersten Frühlicht bis zum späten Abend sind Kyrill Maximowitsch und Ibrahim unterwegs – Tag für Tag. Höher wird die Schneedecke und stärker der Frost. Sie bringen die Pferde in die Ortschaft, wo schon der Tarantas steht, schnallen die Schneeschuhe an und spannen sich die Hunde vor. Die Zugleine vom Geschirr der Laiki läuft zwischen ihren Beinen hindurch und ist am Gürtel auf dem Rücken festgemacht. Dadurch verlieren sie bei der sausenden Fahrt nicht das Gleichgewicht. In pelzgefütterten Stiefeln, knielangem Pelz, dicker Schaffellmütze, deren Ohrenklappe bis in den Nacken reicht, den schweren Rucksack und das Gewehr auf dem Rücken, die Axt im Gürtel, so geht es dahin. Bald erscheinen sie in den Dörfern, in denen keine Polizeistationen sind, um die Krämer zu kontrollieren, bald sind sie wieder in der Taiga und fahren den Schneeschuhspuren nach. Immer häufiger werden ihre Begegnungen mit den Pelzjägern, immer öfter kommt es zu Auseinandersetzungen.

»Die Jagd mit Schlingen und Eisen ist nicht verboten, Herr!« mucken die Jäger auf. »Wenn du sie uns wegnimmst, dann gib uns Patronen. Wir haben kein Geld dafür!«

»Dann bleibt gefälligst zu Hause!«

»Was willst du, Herr?« heißt es, »wir haben keinen Zobel gefangen. Sieh dir die Bälge an!«

Nein, Kyrill Maximowitsch findet nicht einen Zobelbalg. Die Jäger zeigen ihm bereitwillig das steifgefrorene Pelzwerk von Füchsen und Hasen, sie zeigen ihm gern die vielen Eichhörnchenfelle; seltener sind Marder und Iltis, ganz selten ein Hermelin oder ein Luchs. Sie wickeln ihm bereitwillig die schweren Elchdecken auseinander – aber Zobel haben sie nicht.

Und doch müssen sie auch Zobel fangen, denn wenn die kleine, blitzschnelle Hündin Susbeka einen Zobelbau unter dem Schnee findet, ist er leer.

»Alle Baue können nicht alt sein, Ibrahim. Die Hündin würde nicht mit solchem Eifer graben, wenn die Witterung nicht frisch wäre.«

Als sich die Vorräte neigen, nehmen sie die Richtung auf Baltschara. Sie vertauschen den Tarantas gegen einen zweisitzigen Schlitten und fahren die dickgefrorene Konda hinab. In den Dörfern stellen sie das Gespann immer wieder ein, und für drei bis vier Tage geht es mit den Hunden in den Wald.

Schneidend jagt der Wind über die Heide, verbeißt sich in den niedrigen Espen und Kalinkenbäumchen, fährt zwischen die Zirbeln, Kiefern und Tannen und wirft ihre Kronen ineinander. Was nicht fest steht, die Wurzeln nicht weit genug eingeschlagen hat oder krankt, knickt er um. Dicht an dicht wirbelt er nadelspitze Eiskristalle vor sich her. Sie stechen den Männern ins Gesicht, daß es schmerzt, und der Wind macht ihnen und den Hunden das Atmen schwer.

Am Spätnachmittag dieses Tages streben sie einer Jagdhütte zu. Im Näherkommen schmecken sie Rauch im daherfegenden Wind und sehen hin und wieder Funken aufsteigen und schnell verglühen.

»Ob noch Platz für uns ist?« schreit Kyrill Maximowitsch zu Ibrahim, der stets voranfährt.

»Die Hütte ist groß, Herr«, brüllt Ibrahim zurück.

Durch die dichte Flockenwand hören sie, wie verschluckt, Hundegebell. Während sie kurz darauf die Schneeschuhe abschnallen und den Hunden das Geschirr abnehmen, öffnet sich die Tür. Ein Kopf schiebt sich heraus. Ibrahim sieht auf.

»Schau nur, Herr, Baltschara kommt uns schon entgegen!« lacht er und klopft sich den Schnee vom Pelz.

»Grüß Gott!« sagt der Forstbeamte. »Wer bist du? Dein Gesicht kenne ich, deinen Namen habe ich vergessen.«

»Sergej Stepanowitsch heiße ich, Herr.«

»Richtig. Na, wie ist es, hast du noch ein wenig kochendes Wasser zu einem Becher Tee für uns?«

»Gewiß, Herr, komm nur herein!«

»Geh schon voran, Herr«, sagt Ibrahim, ich kümmere mich um Holz.« Er langt dem Forstbeamten den Drilling hin und zieht im Davonlaufen die Axt aus dem Gürtel.

Kyrill Maximowitsch tritt über die Schwelle. Das hellflammende Feuer blendet ihn. Er kneift die Augen zusammen und geht darauf zu. Dabei streckt er die freie Hand aus.

»Ach, das tut gut«, sagt er und sucht einen Platz für den Drilling. Plötzlich hört er hinter sich ein seltsames Schnaufen, und nun, an das Dämmerlicht gewöhnt, sieht er, daß jemand in der Ecke auf der Bank liegt. Der Schein des Feuers beleuchtet einen kahlen Schädel und zwei hervortretende Augen, von denen das eine schielt wie ein Frosch.

»Ah, du bist nicht allein, Sergej! Aber deinen Namen habe ich mir besser gemerkt, Pawel Iljitsch!«

»Das glaube ich, Herr, ich werde deinen auch in meinem Leben nicht vergessen!« sagt Pawel verächtlich.

»Das freut mich!« gibt der Forstbeamte zurück, zieht den Pelz aus und schüttelt ihn vor der Feuerstelle ab.

Sergej steht noch immer an der Tür und sieht unsicher von einem zum andern.

»Schade, daß du so säufst, Pawel«, sagt der Forstbeamte, »hätte dir gern ein Glas Tee mit einem Schuß Wodka angeboten, aber damit kann ich dir ja keine Freude machen.«

Er schnürt mit steifen Fingern den Rucksack auf.

»Vielleicht gibst du mir nur den Schnaps, Herr. Weniger Flüssigkeit ist mir lieber.«

Grinsend rumpelt Pawel von seinem Lager. Er dunstet nach billigem Fusel.

Kyrill Maximowitsch dreht sich zu ihm hin. Im nächsten Augenblick ist er mit einem Schritt vor ihm und streckt die Hand nach seinem Gürtel.

»Sieh an, du befindest dich auf der Zobeljagd!« An Pawels Gesichtsausdruck erkennt der Forstbeamte, daß er ihn überrascht hat. Doch die Überraschung verwandelt sich schnell in höchste Gereiztheit. Pawel zieht die Lippen zurück wie ein angeschossener Bär.

»Wie kommst du darauf?«

»Du hättest die Zobelschlingen nicht im Gürtel stecken lassen sollen!«

»Ich konnte nicht wissen, daß du mir in die Quere kommst!«

»Wissen nicht, aber du hättest damit rechnen sollen.«

»Du kannst sie haben, damit dein Teewasser schneller kocht, aber gib mir Schnaps dafür.«

»Ich brauche die Schlingen nicht für mein Teewasser. Außerdem bekomme ich sie auch ohne Schnaps.«

Bei den letzten Worten des Forstbeamten ist Ibrahim zur Tür hereingekommen. Mit verdutztem Gesicht sieht er, wie Pawel Iljitsch dem Forstbeamten die Schlingen gibt.

»Und womit willst du jagen?« fragt Ibrahim, der sich nicht genug über Pawels Bereitwilligkeit wundern kann.

»Ich hatte mir vorgenommen, mit dir nicht mehr zu sprechen, du Lump, aber wenn du es wissen willst: mit dem Hund und meinen Händen werde ich Zobel fangen. Du weißt doch am besten, wie gut das geht!«

»Du benimmst dich wie ein toller Hund!« sagt der Forstbeamte. Und um endlich Ruhe vor der Aufsässigkeit dieses Menschen zu haben, mit dem er die Nacht verbringen muß, reißt er den Korken aus der Flasche, schüttet Wodka in einen Becher und stößt ihn Pawel unter die Nase, daß ihm gleich ein Schwapper über das Gesicht läuft.

»Hier! Versauf den letzten Rest Verstand, den du hast!«

Pawel leert den Becher, ohne abzusetzen.

»Ein feines Wässerchen, es läuft einem wie Öl in den Hals. Feine Leute haben auch feinen Schnaps. Mit dir möchte ich gehen, Herr. Hast du nicht noch so einen Posten, wie ihn der Kaukasier hat?«

»Für dich habe ich einen andern Posten. In einem Stübchen mit Gittern vor dem Fenster!«

Pawel ballt die Fäuste. Einen Augenblick lang sieht es aus, als ob er sich auf den Forstbeamten stürzen will. Plötzlich verändert er seine Haltung. Die Hände werden schlaff, er wirft sich rückwärts auf die Bank, daß es kracht, und bricht in ein wieherndes Hohngelächter aus.

Sergej steht unschlüssig und starr da. Ibrahim ahnt, was in Kyrill Maximowitsch vorgeht. Er selbst möchte Pawel Iljitsch am liebsten windelweich prügeln.

»Die eine Nacht geht um, Herr. Kümmere dich nicht um ihn!« sagt er beschwichtigend. »Setz dich ans Feuer, bis der Tee fertig ist.«

»Er ist betrunken«, sagt Sergej.

»Das merke ich«, antwortet der Forstbeamte.

»Und wenn er betrunken ist, muß er stänkern, Herr«, versucht Sergej sich anzubiedern.

»Wer mit einem solchen Kerl geht, ist selbst nicht besser!« weist der Forstbeamte ihn zurück.

Pawels Lachen bricht jäh ab.

»Was hast du da für ein wahres Wort gesprochen! Wie du von mir und Sergej denkst, so denke ich von dir und dem da!« Er zeigt auf Ibrahim.

Niemand beachtet seine Herausforderung. Da legt er sich um, grunzt noch einige Male und fängt dann zu schnarchen an.

Ibrahim versorgt die Hunde mit getrockneten Fischen, und als er mit dem Forstbeamten bei der Mahlzeit sitzt, sagt er: »Die Rucksäcke sind leer, Herr, wir müssen zum Dorf.« Ibrahim spricht absichtlich so laut, daß Sergej es hören kann und irregeführt wird.

»Dann wird uns nichts anderes übrigbleiben«, geht Kyrill Maximowitsch sofort auf Ibrahims Finte ein.

Sie zünden sich die Pfeifen an, schlürfen heißen Tee und machen sich dann das Lager neben Pawel und Sergej zurecht. Heulend pfeift der Sturm um die Hütte. Er reißt an den Balken, rüttelt mit der Tür. Die Hunde haben sich draußen an der Hüttenwand dicht aneinandergedrängt. Der Schnee weht sie zu.

Gegen Morgen schläft der Sturm – müdegetobt – über Heide und Wald ein. Ibrahim und der Forstbeamte werden vom Kesselgeklapper munter. Die beiden anderen machen sich das Frühstück. Kyrill Maximowitsch blinzelt vorsichtig unter dem Pelz zu Ibrahim hinüber. Der Jäger macht ihm Zeichen, sich weiter schlafend zu stellen. Der Forstbeamte versteht. Sie wollen erst aufstehen, wenn Sergej und Pawel weg sind.

Lange brauchen sie darauf nicht zu warten. Die beiden haben es eilig. Als es still um die Hütte geworden ist, springt Ibrahim von der Bank. Er hängt den Pelz lose über und rennt vor die Tür.

»Was hast du? Wir finden sie doch an den Spuren!« ruft Kyrill Maximowitsch. Ibrahim kommt zurück.

»Ich verstehe es nicht, daß er dir die Schlingen so bereitwillig gegeben hat. Ich dachte, er hätte vielleicht doch ein Gewehr.«

»Und?«

»Nein, er hatte keins!«

Beim Frühstück sagt der Forstbeamte:

»Wir werden tatsächlich erst die Richtung zum Dorf einschlagen. Es ist möglich, daß sie uns beobachten.«

Später sehen sie, daß Sergejs und Pawels Spuren weiter in die Taiga hineinführen. Kyrill Maximowitsch und Ibrahim fahren entgegengesetzt dem Dorf zu.

Der Weg ist verweht. Das Vorwärtskommen ist mühsam. Obwohl die Schneeschuhe kurz und breit sind, spießen sie immer wieder in Windswehen. Die Männer sind auf ihre eigene Kraft angewiesen, denn die Hunde sinken tief in den frischen Schnee, und selten bleibt ein Stück freie Bahn, auf der sie ziehen können. Als sie den Fahrweg zum Dorf schon von weitem liegen sehen, zerren Ibrahims Hunde mit einemmal nach der rechten Seite. Ibrahim kann sie nicht mehr bremsen. Er sieht eine Erhöhung im Schnee, schafft das Ausweichen nicht mehr, ruckt an etwas Hartem und stürzt, mit dem Kopf zuerst, in die weiße Decke.

Er flucht vor sich hin und rappelt sich hoch.

»Soll ich dir helfen, Ibrahim?« hört er den Forstbeamten hinter sich schreien.

»Nein, nein, fahr nur weiter, Herr!« Er wischt sich den Schnee aus den Augen und sieht Kyrill Maximowitsch an sich vorbeifahren. Im Aufrichten fühlt er nach dem Drilling. Er ist ihm beim Sturz über den Kopf geschleudert worden. Er sucht im Schnee danach. Seine Hände tasten – nichts. Aber hier ist etwas! Er hält den Lauf in der Hand und zieht ihn zu sich heran.

Die Hunde stehen wartend. Mit geöffneten Fängen, die roten Zungen weit heraus, sehen sie ihm zu.

Kyrill Maximowitsch ist schon ein Stück voraus. Plötzlich kracht ein Schuß. Der Forstbeamte spürt einen starken Schlag gegen den Rücken. Mit einem Ruck fährt er herum und sieht nach Ibrahim. Im nächsten Augenblick wird er unsicher auf den Schneeschuhen. Vor seinen Augen beginnen die Bäume zu tanzen, er greift in die Leine, um die Hunde zu bremsen. Er findet die Leine nicht. Vornüber bricht er im Schnee zusammen. Die Hunde rasen in wildem Galopp davon und schleifen ihn hinter sich her.

Flucht in die Taiga

Kurz vor dem Dorf sind fünf Männer auf der Konda beim Fischen. Sie haben ein Loch in das Eis geschlagen, das Netz hineingleiten lassen und sind gerade dabei, es mit aller Kraft wieder an die Oberfläche zu ziehen. Silbern, bläulich zappeln die Geschuppten darin.

»Nanu«, sagt einer der Männer, »was kommt denn dort für ein merkwürdiges Gespann?«

»Paß jetzt hier auf, sonst rutschst du noch aus und fällst in das Loch!« schimpft ein dürrer Alter. Aber die anderen gucken auch nach der Straße.

»Es ist ein Jäger«, sagt einer.

»Er zieht etwas, und die Hunde laufen frei, komisch!«

»Ist es nicht ... ja, natürlich, es ist der Kaukasier aus Baltschara.«

»Und was er zieht, das ist der andere, mit dem er gehen mußte: der Forstbeamte aus Petersburg!«

»Es muß ein Unglück gegeben haben.«

Die Männer raffen eilig das Netz heraus und laufen hinterher. Nur der Alte bleibt bei den Fischen.

»Was ist geschehen?« schreien sie. »Ist er gestürzt?«

»Ja, auch gestürzt. Lauft ins Dorf, der Bürgermeister soll Pferde besorgen! Einen Kutscher und einen bequemen Schlitten natürlich auch. Schnell, lauft! Tut mir den Gefallen, lauft!« Ibrahim zieht mit der schweren Last weiter, die er in seinen Pelz gehüllt und mit dem Oberkörper auf die Schneeschuhe gebunden hat.

»Komm her«, sagt einer der Männer, »ich helfe dir ziehen.«

»Nein, laß, lauf lieber!«

Der Bürgermeister steht vor der Tür, als sie ankommen. Es ist ein richtiger Zug geworden; Kinder laufen nebenher, noch mehr Männer haben sich angeschlossen, Frauen stehen an der Straße, und Hunde schnüffeln an der vermummten Gestalt, die Ibrahim hinter sich herzieht.

»Was ist mit dem Herrn?« fragt der Bürgermeister.

»Hast du den Schlitten bereit?«

»Noch nicht, aber gleich. Es wird doch nicht so sehr eilen?«

»Doch. Es eilt noch mehr, als du denkst.«

»Was ist denn los?«

Ibrahim wischt sich mit dem Ärmel den Schweiß ab. »Jemand hat auf ihn geschossen.«

»Geschossen? Um Gottes willen! Wer ist es gewesen?«

»Wenn ich das wüßte, würde ich nicht sagen: ›jemand‹ hat geschossen.«

»Lebt er noch?«

»Ja, er lebt noch.«

»Warst du mit ihm zusammen, als geschossen wurde?«

»Ja. Aber was soll die Fragerei?« fährt Ibrahim den Bürgermeister an. »Er braucht einen Arzt. Bring den Schlitten, schnell, schnell!«

»Ja doch, ja doch!« Der Bürgermeister läuft hinters Haus.

»Auf ihn geschossen«, tuscheln die Leute und gucken scheu auf die Stiefel, die regungslos unter dem Pelz hervorsehen, und dann sehen sie auf Ibrahim.

»Er hat viele Feinde«, sagt einer der Männer.

»Ja, das stimmt.«

Und plötzlich sagt einer:

»Du gehörst doch auch dazu, Kaukasier.«

Erst sieht es aus, als hätte es Ibrahim nicht gehört, dann dreht er sich um.

»Nein, ich gehöre nicht mehr dazu!«

Der andere lacht vielsagend:

»Ich kann mir denken, daß du es jetzt nicht mehr wissen willst.«

Ibrahims Gesicht wird eisig. Er macht einen Schritt auf den Mann zu.

»Was soll das heißen?«

»Nichts – nichts weiter.« Der andere weicht zurück.

»Dann halt dein ungewaschenes Maul!«

Sie hören den Schlitten klingeln, die Pferde biegen ums Haus. Vorsichtig hebt Ibrahim den Forstbeamten auf. Er läßt keinen anderen zufassen und bettet ihn in die Felle, die im Schlitten über das Stroh gebreitet sind. Dann zieht er ihm ein wenig den Pelz vom Gesicht, legt noch eine Decke über ihn und klettert zum Kutscher.

»Los!« ruft er, und die Pferde rucken an. »Bist du von allen Heiligen verlassen? Fahr vorsichtig, oder der Teufel soll dich holen!«

»Schnell oder vorsichtig?« fragt der Kutscher ungerührt.

»Beides. Los!«

»Du brauchst einen Pelz, Kaukasier«, schreit der Bürgermeister, »warte, mein Töchterchen bringt dir einen!«

»Ach, was, Pelz! Fahr, Kutscher!«

»Nein, nimm den Pelz. Ein Halbtoter genügt doch, und das bißchen Zeit wird dem Herrn nicht schaden und nicht nützen.« Der Bürgermeister wirft Ibrahim einen alten zerlöcherten Schafspelz hinauf. Dann geht es im Galopp davon.

»Halten die Pferde durch bis Baltschara?«

Der Kutscher lächelt.

»Wo denkst du hin! Vierzig Werst* in diesem Tempo? Nein, lieber die Gäule wechseln. Das bißchen Zeit haben wir mit frischen Pferden bald eingeholt.«

Wenn der Schlitten über Unebenheiten springt, schreit Ibrahim jedesmal: »Paß doch auf!«

»Hätte die Konda schon dickeres Eis, würden wir besser fahren, aber man kann es nicht wagen«, sagt der Kutscher und schüttelt den Kopf. »Warum bist du so aufgeregt, Kaukasier? Du bist doch nicht schuld daran, daß der Herr so hinter uns liegt.« Er beobachtet Ibrahim unauffällig von der Seite.

Die Fahrt zieht sich hin. Ibrahim hat Zeit nachzudenken. Er verbeißt seine Zähne in der Unterlippe. Wer hat es getan? Wer ist es gewesen? Außer Sergej und Pawel war niemand in unserer Nähe. Vielleicht war es Pawel? Aber ich habe doch selbst gesehen, daß er kein Gewehr hatte. Und Sergej war nur mit der Vogelflinte ausgerüstet. Kyrill Maximowitsch aber wurde von einer Kugel getroffen. Wieso überhaupt Pawel? In jedem Dorf hat der Forstbeamte Feinde, und die Jäger sind jetzt alle unterwegs. Auch ein anderer kann uns beobachtet haben.

Nichts hält sie auf. Nur der Pferdewechsel dauert seine Zeit.

»Immer diese Eile!« brummt der Stationsvorsteher mürrisch, »als ob es nun auf ein Viertelstündchen ankäme! Man kann ohnehin an nichts etwas ändern und muß es nehmen, wie Gott es gibt!«

Es dämmert schon, als sie weiterfahren. Vorwärts — vorwärts fliegt der Schlitten. Als sie eben auf der Höhe der Ostjakensiedlung sind, in der Lewin wohnt, kommt ihnen in der Dunkelheit eine Kolonne von Frachtschlitten entgegen. Ibrahim denkt: es werden wohl die Schlitten des Fischhändlers aus Repalovo sein, mit denen er die Fische aus Lewins Gärten in die Stadt holen läßt. Ja, ja, wir sind tief im Oktober, und der Winter ist zeitig gekommen.

Der Kutscher neben ihm bremst. Langsam ziehen acht Gespan-

* Russisches Längenmaß (1 Werst = 1,067 km).

ne an ihnen vorüber. Die Pferde sind an langen Halftern immer an den vorderen Schlitten gebunden.

»Wohin noch in der Dunkelheit?« ruft er ihnen zu.

»Bis Baltschara!«

»Dann fahrt nur fleißig.« Der Klang der Schlittenglocken verliert sich bald in der Weite.

»Hast du kein Fläschchen, Kaukasier? Es ist kalt. Wir könnten es brauchen.«

Ibrahim fährt zusammen. »Nein«, sagt er.

Nach einer Weile fängt der Kutscher wieder an:

»Hoffentlich bekommst du keinen Ärger.«

»Ärger? Wie meinst du das?«

»Nur so. Ich denke, du warst allein mit ihm, als er angeschossen wurde?«

»Ich war schon wochenlang mit ihm allein.«

»Fiel der Schuß von vorn oder von hinten?«

»Ich nehme an, von hinten. Er drehte sich noch zu mir um.«

»Du gingst also hinter ihm?«

»Ja. Ich war gestürzt und lag im Schnee.«

»Keine schöne Sache, Kaukasier. Bei so einem hohen Herrn wird es viele Untersuchungen geben.«

»Laß sie nur untersuchen«, sagt Ibrahim ruhig.

Beim Bürgermeister in Baltschara brennt noch Licht, als sie ankommen. Steifgeworden vom langen Sitzen tappt Ibrahim schwerfällig ins Haus.

Der Bürgermeister sieht ihm entgegen, als ob ein Gespenst auf ihn zukäme.

»Kaukasier, du?«

»Ja, ich. Warum bist du erstaunt?«

»Du hast doch Kyrill Maximowitsch erschossen!«

»Was? Was sagst du da?« Ibrahim steht da wie versteinert. »Was sagst du da?« fragt er noch einmal und kommt dabei zur Besinnung. »Du bist wohl ganz und gar verrückt!«

»Ja, aber das ganze Dorf weiß es. Du bist beobachtet worden.«

Ibrahims Verstand arbeitet klar.

»Von wem bin ich beobachtet worden?«

»Von wem, das geht dich nichts an!«

»Das geht mich sehr viel an! Sage mir, wer diese Niederträchtigkeit ins Dorf gebracht hat!«

»Ich sage es nicht. Sei nur froh, daß Ignatjeff erst morgen wieder hier ist, sonst müßte ich dich sofort einsperren lassen.«

»Da wirst du kein Glück haben. Draußen im Schlitten liegt nämlich Kyrill Maximowitsch, und ich brauche Pferde, damit er weitergebracht werden kann.«

»Wer liegt im Schlitten?«

»Du hast es ja gehört. Los, bring Pferde, der Herr muß ins Krankenhaus. Es eilt sehr!«

»Du bringst ihn gefahren? Er lebt? – Dann kannst du ihn doch nicht umgebracht haben!«

»Du hast einen scharfen Verstand, Bürgermeister.«

»Ja, aber sie haben doch gesehen, wie du auf ihn geschossen hast!«

»Wer hat es gesehen?«

»Ich kann es dir nicht sagen.«

»Nein? Dann besorge Pferde, schnell!«

»Aber du darfst nicht weiterfahren, Kaukasier. Du mußt da sein, wenn Ignatjeff kommt. Du bist angezeigt worden. Die Sache muß untersucht werden. Du willst doch nicht, daß es wieder Tamara trifft, oder?«

»Nein. – Wenn du dich dafür verbürgst, daß Kyrill Maximowitsch auf dem schnellsten Weg nach Repalovo kommt, bleibe ich im Dorf. Ich habe nichts zu befürchten. Sag mir nur: wer hat mich angezeigt?«

»Ich darf nicht, Ibrahim.«

Sie gehen zusammen vor das Haus. Bei den Nachbarn ist Licht geworden. Hinter den Eisblumen an den Fensterscheiben zeichnen sich runde Schatten ab.

Während der Kutscher die Pferde umspannt, fragt Ibrahim:

»Ist das Kind noch in meinem Hause?«

»Das Töchterchen? Mein Gott, das Töchterchen!« seufzt der Bürgermeister. »Sie liegt drin bei mir. Ach, du kannst dir nicht denken, wie sie geschrien hat!«

»Sie weiß es also auch?«

»Ja, freilich. Sie war mit deinem Nikolai auf dem Eis, als sie kamen.«

»Wer?«

»Frag doch nicht immer wieder! – Sie kam zu mir gelaufen, und dann ... oh, es war schlimm! Die Lehrerin hat ihr etwas zum Schlafen gegeben. Was soll nun mit ihr werden?«

»Leg sie mit in den Schlitten.«

»Allein?«

»Nein, schick deine Mascha mit. Dem Herrn geht es sehr schlecht.«

»Alle Heiligen sollen ihm beistehen!« Der Bürgermeister bekreuzigt sich. »Dann will ich die beiden jetzt holen. Aber es ist besser, wenn sie dich nicht sieht, Kaukasier.«

Da schüttelt Ibrahim die Fäuste.

»Ja, um Himmels willen, ich habe doch nichts getan!«

»Trotzdem. Geh nur heim und warte ab. Es wird sich ja alles herausstellen. – Wohin sollen eigentlich die Hunde?«

»Die Hunde?« Ibrahim reißt sich aus seinen Gedanken. »Die Hunde nehme ich mit, aber seine Büchse und den Drilling, mit dem er mich schießen ließ, nimm du in Verwahrung. Sie liegen neben ihm im Stroh.«

Ibrahim schnallt sich die Schneeschuhe nicht an. Er geht Schritt für Schritt nach Hause. Er braucht Zeit, seine Gedanken zu ordnen. So sieht es also für mich aus: angezeigt wegen Mord. Wer hat mich angezeigt? Wem kann daran gelegen sein, mir dieses Verbrechen in die Schuhe zu schieben? Kann es nicht nur derjenige sein, der selbst geschossen hat? Wer? Der Bürgermeister sagte, »sie« haben dich gesehen. Es sind demnach mehrere. Ibrahim bleibt stehen. Jäh bricht ihm der Schweiß aus. Also einer hat mich angezeigt, der andere spielt Zeuge. Und ich bin allein mit meiner Behauptung, daß ich nicht geschossen habe. – Ich bin ein Verbannter und nicht einmal ein Russe. Es gibt nur einen einzigen schwachen Hoffnungsschimmer für mich: daß Kyrill Maximowitsch am Leben bleibt. Und wenn er selbst auch denkt, daß ich ...? Nein, er muß wissen, daß ich es nicht gewesen bin. Er drehte sich ja noch zurück und sah mich liegen, bevor er zusammenbrach. Aber wenn er nicht am Leben bleibt, dann gnade mir Gott! Wenn sie mich erst einmal in ihrer furchtbaren Mühle haben, dann mahlen sie auch, und dann wird dieses Mahlwerk nicht eher zum Stillstand kommen, bis sich die Nacht irgendeines Bergwerks mir wieder um die Sinne legt.

Plötzlich sagt er laut in die Stille: »Nein! Nie wieder! Lieber will ich in der Taiga zugrunde gehen, als noch einmal dieses Leben!«

Ibrahim beginnt zu laufen. Die Hunde rasen ihm voraus. Nicht lange, und er hört und sieht nichts mehr von ihnen.

Als die Hunde das Haus erreicht haben, springen sie hechelnd an der Tür hoch. Drinnen bleibt alles still. Im Vorhaus aber horchen Nikolai und seine Mutter mit klopfenden Herzen auf jedes Geräusch. Jetzt hören sie stapfende, eilige Schritte im Schnee. Noch ein kurzes Vergewissern, dann sagt die Mutter:

»Mach auf, Kolja, es ist der Vater!« Wie erlöst strecken ihm beide die Hände entgegen.

»Laß Tamara«, sagt Ibrahim, als er hört, wie die Mutter mit der Petroleumlampe klappert. »Mach die Ofentür auf. Mehr Licht brauchen wir nicht für das, was ich euch sagen will.« Er streckt sich halb auf die Bank und schließt die Augen. »Ist es wirklich nur ein Tag zwischen gestern und heute abend?« sagt er wie zu sich selbst. »Kann an einem einzigen Tag so viel geschehen?« Er schweigt. Nach einer Weile fragt er:

»Was hast du gedacht, als du es gehört hast, Kolja?«

Nikolais Gesicht glüht.

»Wie kannst du das fragen, Vater? Ich habe kein Wort geglaubt von dem, was sie sagten!«

»Wer?«

»Wer? Alle! Kyra und ich waren auf dem Eis und sahen beim Fischen zu. Auf einmal stand ein Haufen Leute vor dem Bürgermeisterhaus. Kyra sagte: ›Komm, laß uns nachsehen, was dort ist.‹ Wir hörten immer ›umgebracht‹ und ›erschossen‹ und ›verscharrt‹. Da fragte ich den ersten besten. Ich weiß nicht mehr, wer es war.«

»Was sagte Kyra?«

»Kyra? Sie sagte zuerst nichts, nur ihr Gesicht, weißt du, von einem Augenblick zum andern sah es aus, als ob sie es nicht mehr wäre. Ich sagte: ›Du glaubst es doch nicht etwa? Sie lügen!‹ Aber jemand meinte: ›Nein, nein, es stimmt!‹ Und ich sagte: ›Komm, wir gehen nach Hause zur Mutter.‹ Aber sie riß sich los und schrie: ›Rühr mich nicht an! Geh! Ich will dich nicht mehr sehen! Nie mehr!‹ Dann bin ich heimgelaufen.«

In der Stille tönt das unterdrückte Schluchzen der Mutter. »Du sollst nicht weinen, Tamara, noch ist Hoffnung, daß er am Leben bleibt.«

»Er lebt?« Nikolai und die Mutter fahren zusammen.

Dann erzählt der Vater, wie alles gewesen ist. Als er das Gespräch mit dem Bürgermeister berichtet hat, sagt er:

»Tamara, nun zünde die Lampe an. Wir wollen zusammenpacken, was wir am nötigsten brauchen. Wir gehen noch heute nacht fort.«

Totenstill ist es danach in der Stube.

»Wir müssen fort, Ibrahim? Werden das nicht alle als ein Geständnis ansehen?«

»Wahrscheinlich. Aber was kann es mir noch schaden? Sie werden mich auf jeden Fall schuldig sprechen. Ich habe niemanden, der für mich Zeuge wäre.«

»Und Kyrill Maximowitsch?«

»Ja, wenn ich wüßte, daß er am Leben bleibt!«

»Wohin willst du?«

»In die Taiga.«

»Mitten im Winter?«

»Glaube mir, ich würde es dir und Nikolai gern ersparen. Aber sie holen euch, wenn sie mich nicht finden. Und mich werden sie nicht finden!«

Die Mutter streicht sich über das Haar, als wolle sie damit ihr Widerstreben wegwischen.

»Wir gehen mit, nicht wahr, Kolja?«

»Ja, Mutter.«

Die Insel im Moor

Im ersten ungewissen Frühlicht klopft es vorsichtig an Lewins Tür. Der Alte schiebt schlaftrunken den Arm unter den Kopf. Hat er geträumt? Nein, da ist es wieder. Aber warum bellen die Hunde nicht?

»Wer ist draußen?« schreit er heiser.

»Mach auf, Lewin!«

Im Nu ist der Ostjake hoch. Diese Stimme kennt er!

Mit Ibrahim fegt ein eisiger Wind in die Hütte.

»Mach schnell zu, Kaukasier, die Alte belfert sonst gleich. – Ach, weil du es bist, haben die Hunde nicht angeschlagen!«

»Vor allen Dingen haben sie die braune Hündin wiedererkannt.«

Lewin lacht böse. »Ja, der Aufpasser braucht sie nicht mehr. Du hast alles wiedergutgemacht, Kaukasier. Nun haben wir Ruhe vor ihm.«

»Was habe ich gutgemacht?«

»Stell dich nicht dumm. Ich weiß es schon seit gestern.«

»Von wem?«

»Es sind zwei vorbeigekommen, als ich gerade drüben bei den Fischgärten war. Die beiden haben es mir zugerufen.«

»Kanntest du sie? Wie sahen sie aus?«

»Gekannt habe ich sie nicht, und wie sie aussahen? – Wie Russen.«

Die Hoffnung in Ibrahim ist wieder erloschen.

»Lewin«, sagt er. »Ich bin auf der Flucht. Du mußt mir helfen!«

»Wie?«

»Wir brauchen Hunde für unsere Schlitten. Tamara kann nicht immer laufen.«

»Du willst Tamara und Nikolai mitnehmen?«

»Ja.«

»Gut, du kannst die Hunde kriegen. Alle, wenn's sein muß. – Nein, zwei müssen hierbleiben. Es könnte auffallen, daß keiner anschlägt, denn die Fischer sind drüben am Altwasser. Sie schlafen auf ihren Schlitten.«

»Ich weiß. Ich bin ihnen gestern begegnet.«

»Wo wollt ihr hin, Ibrahim? Um diese Zeit ist keine Jagdhütte sicher genug für dich.«

»Wir müssen sehen.«

»Ihr könnt doch nicht unter freiem Himmel bleiben!«

»Weißt du etwas Besseres?«

Lewin schnauft laut durch die Nase.

»Ich wüßte etwas für dich«, sagt er zögernd, »aber ich muß erst Kukla fragen.«

»Kannst du das nicht nachher machen, Lewin? Kannst du mir nicht wenigstens sagen, an was du denkst? Ich muß meinen Vorsprung nützen.«

»Ich sage überhaupt nichts, wenn du mich drängst! Hol deine Tamara und Nikolai herein und warte, bis Kukla gesprochen hat.«

In das große Moor geht keiner der Taigajäger, weder Russe noch Ostjak. Sie sagen, daß es in ihm nicht geheuer ist. Abergläubisch sind sie alle, die Söhne der Taiga. Hexen und Geister sollen hier wohnen, sagen sie, und kein Stück Wild hätte jemals hier gestanden. Kaum, daß Enten darin niedergehen.

Lewin ist einer der eifrigsten, die von Geistern und Hexen reden. Aber nun weiß Ibrahim den wirklichen Grund: auf der Waldinsel, mitten im Moor, ist ein Trumchod errichtet, ein auf Pfählen gebauter Tempel für Trum, den Ostjakengott. Sehr ansehnlich ist Trum nicht. Ein Männchen mit übergroßem, häßlichem Gesicht, aus Mammutelfenbein geschnitzt. Schwarz und schmutzig steht es auf einem steinernen Altar. Die herrlichsten Elch- und Rentiergeweihe sind ihm zu Ehren im Tempel aufgestellt und an den Bäumen um das Trumchod aufgehängt. Goldene Münzen liegen in kleinen Häufchen auf weißen Rentierfellen im Tempel, die Wände sind mit Zobel-, Marder- und Luchsfellen bespannt. Mitten im kleinen Wäldchen aber steht eine Hütte. Jedes Jahr, wenn die wenigen Ostjaken, die noch nicht an den Christengott glauben, zum Trumchod kommen, um zu opfern, nächtigen sie hier. Nun ist die Hütte immer bewohnt, und Fußspuren führen kreuz und quer durch den Schnee. Das riesige Moor ringsherum ist gefroren und verschneit. In der Hütte herrscht kein Mangel. Die Insel hat genug Windbruch, um das Feuer hell lodern zu lassen, und da sie niemals bejagt worden ist, gibt es genügend Wild, daß die drei Menschen nicht zu darben brauchen.

Die kleinen Rene aus dem Norden sind in die Taiga gekommen wie in jedem Jahr, wenn der Tisch in der Tundra mit Eis und Schnee zugedeckt ist. Und ein Ren reicht lange. Es braucht in dieser Jahreszeit, in der alles schnell steinhart gefriert, nicht einmal eingesalzen zu werden.

Ibrahim versteht, wie er jagen muß, um sich nicht bemerkbar

zu machen. Wenn sich der Himmel blaugrün über die Erde hockt wie die Bruthenne über ihre Eier, wagt er sich über das Moor in den Wald. Der einsetzende Schneefall, den der dunkle Himmel angekündigt hat, wird seine Spuren schnell verwehen. Nie kehrt er ohne Jagdbeute heim.

Auch Lewin kommt nur, wenn dichter Schneefall seine Spur rasch zudeckt. Aber oft kommt er nicht, denn vier Tagesfahrten mit dem Hundeschlitten nach Norden liegt das Moor von der Ostjakensiedlung entfernt. Er bringt Salz, Mehl und Fische, Lichter, Zündhölzer, ein paar Patronen und ein Päckchen Tabak. Dafür bekommt er von Ibrahim Wilddecken und Bälge, und es wird kein schlechtes Geschäft für ihn.

Das Wichtigste aber sind die Nachrichten aus Baltschara, die Lewin bringt. Das erste Mal erzählt er:

»Ignatjeff sucht dich. Er war auch bei mir, gleich an dem Tage, als ich dich hierherbrachte. Die Alte daheim hat getan, als ob sie kein Wort Russisch verstände.« Er lacht hämisch. »Zu etwas ist sie doch noch zu gebrauchen, die Alte. – Im Dorf freuen sie sich alle, daß er weg ist, der Aufpasser. Aber bilde dir nicht ein, daß dir einer helfen würde. Sie freuen sich nämlich fast ebensosehr darüber, daß sie dich auch los sind. Du solltest einmal sehen, Ibrahim, wie Wassiljews Pelzhandel geht!«

»Bringen die Jäger Zobel?«

»Zobel.« Lewin nickt.

»Und Ignatjeff? Er soll doch aufpassen!«

»Wassiljew wird ihm die Augen mit Rubel zuhalten, das kannst du dir doch denken.«

Als Lewin das zweite Mal kommt, sagt er:

»Sie haben dem hohen Herrn eine Kugel herausgeschnitten, die von einem Drilling stammt.« Grinsend sieht er Ibrahim an.

»Von einem Drilling?«

»Ja, ja, Ibrahim, es war schon gut, daß du dich beizeiten aus dem Staube gemacht hast.«

Als sie wieder allein sind, sagt die Mutter:

»Es ist schrecklich, daß du ihn bei dem Glauben lassen mußt, du hättest es getan.«

»Darüber wollen wir kein Wort mehr verlieren, Tamara. Niemals würde er so viel für uns wagen, wenn er nicht davon überzeugt wäre.«

Nikolai sieht seinen Vater eindringlich an. Dann setzt er sich auf das Lager und sagt leise:

»Lewin sprach von einer Drillingskugel.« In seiner Stimme

schwingt ein unterdrücktes Schluchzen, so sehr ist er darüber verzweifelt, daß die Schuld des Vaters festzustehen scheint. Er preßt die Hände vor den Mund, um seine Gedanken nicht laut werden zu lassen.

»Daß es eine Drillingskugel war, hat gerade noch gefehlt!« sagt der Vater. »Nun wird auch Kyrill Maximowitsch glauben, daß ich es gewesen bin. Aber warum läßt er mich nicht suchen, um mich vor den Richter zu bringen?«

Nikolai liegt in dieser Nacht in unruhigem Schlaf. Seine Gedanken kreisen noch im Traum um dieses kleine Stückchen Blei, das aus einem Drillingsrohr flog. Er sieht Gestalten durch den Wald schleichen, immer näher auf das Moor zu. Sie haben es im Kreis umstellt. Vorsichtig tastend betreten sie es und schieben sich näher an die Insel heran. Nikolai sieht, wie die Hunde die Ohren anlegen. Er will ihnen befehlen, keinen Laut zu geben, aber die Stimme versagt ihm. Und immer mehr kommen geschlichen. Nikolai kann es deutlich erkennen, es sind Polizisten und Kosaken. Jetzt fahren die Hunde wütend los!

Schweißgebadet schreckt Nikolai hoch — alles ist still. Der Wind dröselt verhalten um die Hütte, sonst ist nichts zu hören. Nikolai besinnt sich. Plötzlich fällt es wie ein heller Strahl in das ausweglose Dunkel seiner Gedanken. Er kommt jäh wie der erste Blitz in der schwülen, gewitterverhangenen Sommernacht.

»Vater«, flüstert er, »Väterchen!«

Er bekommt sofort Antwort. »Warum schläfst du nicht, Kolja?«

»Warum wohl, Vater? Ich habe dich auch nicht aus dem Schlaf geholt. Väterchen, ich weiß jetzt, wer geschossen hat!«

»Wer?«

»Im ganzen Dorf hatte nur noch einer einen Drilling: Wassiljew!«

»Daran habe ich auch schon gedacht, Kolja, aber Wassiljew ist es niemals gewesen. Dazu ist er viel zu feige.«

»Aber sein Geschäft ging schlecht. Erinnerst du dich daran, als wir das letzte Mal bei ihm einkauften? Mir fiel damals auf, daß sein Drilling nicht mehr im Laden hing.«

»Schlag es dir aus dem Kopf, Wassiljew war es nicht.«

»Aber der Drilling war doch weg, Vater!«

»Ja, er könnte ihn einem andern gegeben haben, und es gibt einen, der kein Gewehr mehr hat . . .«

»Pawel Iljitsch! Natürlich, Vater, Pawel Iljitsch hat auf den Forstbeamten geschossen!«

»Aber ich habe doch damals selbst gesehen, daß er kein Gewehr trug, ich habe es doch gesehen, zum Teufel! – Sag mal, Kolja, als du mit Kyra zu den Leuten vor dem Bürgermeisterhaus ranntest, hast du da Pawel und Sergej gesehen?«

»Pawel und Sergej?«

»Denk einmal genau nach.«

»Es kann sein, Vater, aber ich weiß es nicht bestimmt. Ich war sehr aufgeregt, ich . . . ist es denn so wichtig?«

»Ja, sehr. Weißt du, es war doch so: die beiden verließen die Hütte vor uns. Sie wollten zur Jagd und nahmen die Richtung in den Wald. Hättest du sie im Dorf gesehen, dann müßten sie ihre Absicht plötzlich geändert haben. Und warum?«

»Du meinst, sie haben euch aufgelauert?«

»Ja, und dann sind sie schleunigst ins Dorf, um mich anzuzeigen.«

»Das könnte sein. Aber der Drilling, Vater!«

»Ja, ja, ja! Ich dreh' mich immer im Kreise.« Der Vater schlägt mit den Fäusten gegen die Hüttenwand, daß Nadeln, Rinde und Moosflocken herabrieseln. –

Woche um Woche vergeht. Dem johlenden Schneesturm folgt klarer Frost, und eine freundliche Sonne verzaubert das Land. Ist es in den durchstürmten Tagen, als ob das Ende allen Lebens gekommen wäre, so liegen Taiga, Heide und Moor danach glitzernd und gleißend in weißer Pracht wie eine Märchenwelt. Meisen schaukeln sich im Gestrüpp, daß der Schnee stiebt, Häher flattern rätschend durch das Wäldchen, Eichhörnchen hüpfen mit neugierigen Augen über die Schneedecke.

Die Hunde sind Vaters und Nikolais treue Jagdgefährten. Sie stöbern nach Hasen und Schneehühnern, jagen Marder und Iltisse auf die Bäume, und die beiden schicken dem Wild den Schrot hinterher. Gegen Abend und in den Nächten heult, einmal näher, einmal weiter entfernt, das hungrige Volk der Wölfe. »Uhuuui«, klagt es langgezogen. »Uhuuii«, schallt es weit in der klaren Luft. Der Vater holt die Hunde deshalb jeden Abend in die Hütte. Er weiß, Hundefleisch fressen die Wölfe am liebsten, aber Graukopf, Donka und Susbeka sind ihm zu wertvoll dafür. Wenn die grauen Schatten dreist werden, donnert er das tödliche Feuer zwischen sie. Dann braucht es einige Nächte, bevor sie wiederkommen.

Kesseltreiben

Eines Morgens schrecken Ibrahim, Tamara und Nikolai in aller Frühe aus dem Schlaf hoch. Vom Wald her, östlich des Moores, fallen Schüsse. Donnernd rollt es herüber zur Insel.

Die drei in der Hütte sehen sich an. Sie fragen sich alle das gleiche, aber keiner spricht es aus: sind wir entdeckt worden? Schickt Kyrill Maximowitsch die Polizisten?

Nach den Schüssen ist es eine Zeitlang still. Plötzlich hören sie ein Dröhnen und Rauschen, brechendes, knackendes Holz. Der Boden zittert dumpf unter schweren Tritten.

»Das sind Elche!« sagt Ibrahim und springt vom Lager. Hastig fährt er in den Pelz. Die Hunde schniefen in höchster Erregung und springen an der Hüttentür hoch. Nikolai steht neben dem Vater, der die aufgeregten Hunde zurückbefiehlt und vorsichtig die Tür öffnet. Geblendet blinzelt er in das übermächtige Weiß. Im nächsten Augenblick schaut er wie gebannt. Ein Rudel Elche rast in wilden Fluchten auf fünf Schritte an der Hütte vorüber. Die riesigen graubraunen Leiber stampfen plump auf den Boden, sinken tief in die Schneeverwehungen, reißen sich hoch, springen weiter, die Augen starr vor Angst. Es ist ein Rudel von mehr als dreißig Stück, Kühe, Kälber, Jungtiere und Bullen. Wie ein Spuk poltern sie schnaufend vorbei.

Ibrahim rennt hinaus. Er vergißt alle Vorsicht, denn wo Schüsse fallen, müssen Jäger sein. Er läuft zum Trumchod, stellt sich auf die kleine Treppe und schaut über das Moor, jeden Augenblick darauf gefaßt, daß die Männer kommen, die geschossen haben.

Inzwischen flüchtet das Elchwild über das Moor, das im Süden am breitesten ist. Als es den Rand erreicht hat, setzt von allen Seiten ein fürchterliches Schreien und Johlen ein. Es ist, als hätten alle bösen Geister und Hexen, von denen sich die Leute der Umgebung erzählen, menschliche Gestalt bekommen und rüsteten zum gräßlichen Tanz. Bunte Fetzen schwenkend, gleiten pelzvermummte Menschen auf das Rudel zu. Das lockere Weiß stiebt unter den kurzen Schneeschuhen. Voran preschen die Hunde in mörderischer Lust.

Die Elche verhoffen. Wohin? In welche Richtung sollen sie fliehen? Sie sehen keinen Ausweg. Die Jäger haben den Kreis geschlossen. Dennoch versucht das Rudel, den tödlichen Ring zu durchbrechen, der enger und enger wird. Es gelingt nicht. Die

Hunde sind heran, schlagen die Fangzähne in die Läufe der Elche, in die Flanken, in die Hälse. Wieder fallen Schüsse, und immer lauter wird das gierige Gekreisch. Das Rudel wehrt sich in Todesverachtung. Hoch recken die massigen Tiere die Vorderläufe, stampfen auf die kläffenden Angreifer ein und versuchen, sie unter die Hufe zu kriegen. Schmerzensschreie der Hunde hallen über das Moor in den Wintermorgen. Die Elchbullen fahren mit ihren Geweihen auf die Hunde los, schnaubend vor Wut mit hervortretenden Lichtern. Sie spießen die wilden Laiki auf ihre spitzen Schaufeln, schleudern sie durch die Luft, daß sie wie Pelzkugeln herumwirbeln und weitab im Schnee versinken.

Die verzweifelte Abwehr des Rudels ist umsonst. Die Jäger sind da! Das strahlende Licht der weißgelben Wintersonne bricht sich in langen, scharfgeschliffenen Klingen. Das Massenschlachten beginnt!

Die Äxte krachen auf die großen Elchschädel, daß es bis zur Hütte herüberschallt. Ibrahim steht unbeweglich am Trumchod. Die Hände geballt, den Gaumen trocken vor Erregung, die Zähne hart aufeinandergebissen, sieht er dem grausigen Geschehen zu. Er hat nicht einmal bemerkt, daß Nikolai und die Mutter zu ihm auf die Treppe gekommen sind. Ein Tier nach dem anderen bricht im Schnee zusammen. Fünf wehren sich noch, jetzt noch vier – da werden die zuerst Getöteten schon aufgebrochen. Die Jäger schneiden ihnen die Nieren heraus und schlingen sie heißhungrig hinunter.

Die Mutter läßt sich auf die Treppenstufen fallen und wendet das Gesicht ab.

»Nein, Ibrahim, nein! Das kann der Herrgott nicht gemeint haben, als er uns Menschen auftrug, wir sollten uns die Tiere untertan machen. Das nicht!«

»Nein, Tamara, das hat er nicht gemeint.«

»Diese gemeinen Halunken! Diese Mörder!« stößt Nikolai hervor.

»Kommt in die Hütte!« sagt der Vater.

»Wer sind diese Jäger?« fragt Nikolai, als er den Kessel mit Schnee über das Feuer hängt.

Der Vater zuckt mit den Schultern.

»Sind es Russen?«

»Nein – ich denke, Ostjaken.«

»Sogar Frauen haben mitgemacht«, sagt die Mutter.

Nikolai lehnt an der Wand. Die Aufregung schüttelt ihn, daß seine Zähne aufeinanderschlagen.

»Vater«, sagt er, »vielleicht kränkt es dich, aber ich muß es dir sagen: Kyrill Maximowitsch hat recht mit dem, was er will. Ich kann ihn verstehen! Viel eher hätte er kommen müssen, und viel mehr müßten denken wie er!«

»Einer ist ja schon gefunden. Du hast doch die gleichen Gedanken wie er!«

»Einer, Vater, einer! Was ist das in der endlosen Taiga!«

Nikolai sieht den Vater an.

»Ach, Nikolai, ich denke ja ebenso! Aber was nützen wir ihm, wenn wir uns verstecken müssen?«

Die Mutter dreht sich herum, kommt einen Schritt näher, und Nikolai reckt sich hoch.

»Vater!« sagt er und seine Augen leuchten, »ach Väterchen, es ist gut, daß ich es nun nicht mehr zu verbergen brauche.«

Als Ibrahim später mit Nikolai die Treppe zum Trumchod hinaufsteigt, zeigt ihnen der rote Schnee, wo das blutige Schauspiel vor sich gegangen ist. Eingeweide liegen herum, Elchhufe, Augen, Wedel und Ohrmuscheln. Aus dem Wald seitlich des Moores klingt Hundegekläff, Menschengeschrei und Glockengebimmel, das sich weiter und weiter entfernt.

»Ich werde mir Gewißheit verschaffen, wer diese Mordjäger sind. Kommst du mit, Kolja?«

Nikolai nickt heftig.

Sie haben keine Mühe, das Lager zu finden, sie brauchen nur den roten Spuren zu folgen. Aber sie steuern nicht geradewegs darauflos. Sie umfahren es und zählen erst die Zelte und die Feuer, über denen die Beute des Vormittags brät. Sie zählen auch die Narten*, die auf der Lichtung stehen und vor denen die Rene mit den Hufen den Schnee wegscharren, um an das Moos zu kommen. Einige Tiere haben sich niedergetan. Wo das frische Fleisch liegt, hecheln die Hunde. Fußtritte, Püffe und Flüche treiben sie weg — aber nicht sehr weit.

»Tundraleute. Ich habe es mir gedacht.«

»Es sind viele, Vater.«

»Ja, es muß ein ganzer Stamm sein. Mit Frauen und Kindern sind sie ausgezogen. Laß uns dicht heranfahren.«

Donka und Graukopf an kurzer Leine, gleiten sie so nahe an das Lager heran, daß die Leute sie sehen müssen.

»He!« schreit es auch gleich, und die Männer rufen sich in ihrer Sprache etwas zu.

* Rentierschlitten.

Der Vater und Nikolai halten an. Im Nu sind sie von kläffenden Hunden umringt. Ohne Hast nähern sich einige Männer.

»Seid ihr Pelzjäger?« fragen sie auf russisch.

»Ja!« gibt Ibrahim Auskunft.

»Habt ihr schon etwas gefangen?« fragt einer der Fremden. Er scheint noch jung zu sein. Straff umspannt die gelbliche Haut ein rundes Gesicht mit schrägen Augen.

»Noch nicht.« Ibrahim tut gleichgültig, als wollte er sagen: man kann es nicht ändern. »Aber ihr habt eine gute Jagd hinter euch.« Er zeigt auf das Lager.

Der Mann nickt befriedigt. »Ja«, sagt er, »es ist gut, hier auf Jagd zu gehen.«

»Seid ihr schon lange unterwegs?«

»Einen Mond.«

»Und immer habt ihr reichlich Beute gemacht?«

»Immer. Wenn so viele jagen wie wir, kommt das Wild nicht davon.«

»Ich habe euch noch nie gesehen. Wo stehen eure Zelte sonst?«

»Wir sind am Narym zu Hause.«

»Oh, das ist weit.«

»Ja, aber die Fahrt lohnt sich.«

»Gibt es kein Wild am Narym?«

Der Mann lächelt. »Nicht mehr. Hier ist es besser.«

»Wohin führt euch euer Weg?«

»Wo wir Wild finden werden. Wollt ihr nicht mit uns essen?«

»Wären wir Hochwildjäger wie ihr, käme es uns auf eine Stunde nicht an. Wir sind aber nur Pelzjäger und müssen das Tageslicht nützen. Nimm es uns nicht übel, wenn wir weiterfahren, ohne mit dir gegessen zu haben, Häuptling.«

»Schade«, grinst der Fremde, »aber hier, wie ist es damit?«

Er zieht eine Flasche Wodka aus dem Pelz und hält sie Ibrahim hin.

»Auf deine Gesundheit!« Ibrahim setzt die Flasche an. Er will den Häuptling nicht beleidigen. »Du bist Ostjak?« fragt er und reicht die Flasche zurück.

Der Mann nickt. »Ja, wir sind Ostjaken.« Und bevor er die Flasche hebt, lacht er breit:

»Auf gute Jagd!«

Sie verabschieden sich, die Hunde werden davongescheucht, und Ibrahim fährt mit Nikolai weiter.

Bis in den tiefgewordenen Abend krächzt das Volk der zänkischen schwarzen Aasvögel über dem roten Platz am Moor, und am anderen Tage zeigen die Spuren im Schnee, daß sich auch die ewig hungrigen Wölfe in der Nacht ihren Teil geholt haben.

Der Vater und Nikolai beobachten das Ostjakenlager zwei Tage, und sie folgen dem Stamm in weitem Abstand, als er am dritten Tag aufbricht und weiterzieht. Noch einmal erleben sie die gleiche blutige Jagd aus der Ferne mit. Diesmal ist es ein Rudel Waldrene, das die Ostjaken eingekesselt haben.

Auf dem Heimweg spricht der Vater kein Wort. Er achtet so wenig auf den Weg, daß Nikolai die Führung übernimmt.

Als sie daheim ankommen, schnallt sich der Vater wortlos die Schneeschuhe ab, wortlos füttert er die Hunde, wortlos trinkt er den heißen Tee. Mit einem Male sagt er:

»Wenn nicht schnell etwas geschieht, machen sie alles nieder, was an Hochwild hier an der Konda steht. Was ihnen jetzt entkommt, werden sie auf dem Heimweg umbringen.«

»Was soll schnell geschehen, Vater? Außer uns weiß doch niemand, was sie hier treiben.«

»Eben!« Blau und tänzelnd fährt der Rauch aus dem Pfeifenkopf. »Ich gehe nach Repalovo zu Kyrill Maximowitsch.«

»Ibrahim!« Die Mutter sieht ihn erschrocken an.

»Versuch es mir nicht auszureden. Mein Entschluß ist gefaßt. Sieben Tage werde ich brauchen. Ich nehme Graukopf und Donka mit. Vorräte habt ihr genug, und außerdem behält Nikolai die Schrotflinte hier. Die Wölfe braucht ihr nicht zu fürchten, sie ziehen hinter dem Ostjakenstamm her.«

»Und was steht dir in Repalovo bevor, Ibrahim?« fragt die Mutter entsetzt.

»Laß mich an deiner Stelle fahren, Vater! Laß mich zu Kyrill Maximowitsch fahren!« bestürmt Nikolai den Vater.

»Wenn er dich hat, Kolja, dann hat er auch mich. Oder denkst du, ich ließe dich an meiner Stelle ins Gefängnis werfen?«

»Weshalb sind wir geflohen, Vater, wenn du deine Freiheit jetzt wegwirfst?«

»Ich gehe nicht leichten Herzens, Kolja, aber ich war noch nie so sehr wie jetzt davon überzeugt, daß Kyrill Maximowitsch recht hat. Und jetzt, da ich dieses schreckliche Gemetzel mit angesehen habe, jetzt – ich kann euch nicht sagen, wie mir zumute ist. Mein Magen will sich umdrehen, wenn ich dran denke. – Nein, nein, hier muß etwas geschehen!«

»Aber wenn Kyrill Maximowitsch dich sofort dem Polizeichef übergibt, was dann?«

»Dann habe ich getan, was ich konnte. Und vergeßt nicht: ich bin unschuldig. Wenn ich in fünfzehn Tagen nicht wieder hier bin . . .«

»Laß mich wenigstens mit dir gehen, Vater. Bitte, laß mich mit dir gehen!«

»Willst du das Mütterchen ganz allein zurücklassen?«

Nikolai senkt den Kopf.

»Du mußt für alles sorgen, hörst du, Kolja?«

»Ja, Vater.«

»Bin ich also in fünfzehn Tagen nicht wieder zurück, wartet ihr, bis Lewin kommt, und geht mit ihm heim nach Baltschara. Und was auch kommt, Nikolai, du bist nun bald vierzehn Jahre, du bist groß und klug – sorge für die Mutter! Gib mir deine Hand darauf.«

Nikolai und die Mutter stehen am Rande der Waldinsel und sehen im trüben Grau der Morgendämmerung, wie der Vater auf den Schneeschuhen über das Moor gleitet. Seine große Gestalt ragt über das Schilf.

Nun hat er das Birkenwäldchen erreicht, gleich wird er darin verschwunden sein. Da hält er an, dreht sich noch einmal zurück und winkt ihnen zu. Dann taucht er zwischen den Bäumen unter.

Polizisten und Kosaken

Das Krankenhaus in Repalovo ist weder groß noch ansehnlich. Es ist ein graues, unfreundliches Steinhaus mit einem Wellblechdach. Der Pförtner hinter dem gesprungenen Glasfenster zieht genießerisch an einer Zigarette und buchstabiert in einer alten Zeitung herum. Manchmal schielt er darüber hinweg auf die Straße, aber nichts ist zu sehen, das seine Aufmerksamkeit erregt.

Mit einem Mal wird es dunkel vor dem Fenster. Der Pförtner fährt hoch. Ein Mann beugt sich herunter. Von seinem Atem beschlägt die Scheibe. Nur die Augen sind zu sehen und ein Stück der dicken Pelzmütze. Der Pförtner, der auf eine Abwechslung gewartet hat, tut jetzt unwillig über die Störung. Unwirsch legt er die Zeitung beiseite und schiebt umständlich das Fenster zurück.

»Grüß Gott, Väterchen«, hört er es von draußen, »kannst du mir sagen, wo ich Kyrill Maximowitsch finde?«

»Du meinst Kyrill Maximowitsch, den Forstbeamten?«

»Ja, den Forstbeamten aus Petersburg.«

»Ich kann dir sagen, wo er ist. Willst du ihn besuchen?«

»Ja, Väterchen.«

»Wer bist du?«

»Ich bin ein Jäger aus Baltschara, und es ist wichtig, was ich ihm zu sagen habe.«

»Wichtig! Wichtig! Das sagt jeder, der zu ihm will. Also komm herein.«

Der Pförtner geht voran die Treppe hinauf.

Vor einer Tür bleibt er stehen, klopft an und öffnet auf das »Herein«.

»Draußen ist einer, der Sie besuchen will, Kyrill Maximowitsch. Er sagt, er wäre ein Jäger aus Baltschara.«

»Laß ihn hereinkommen, schnell! Das ist Ibrahim Karalkan!«

Es sind nur Augenblicke, bis der Pförtner wieder herauskommt, und Ibrahim seine Füße über die Schwelle des Krankenzimmers setzt. In diesen Augenblicken aber hämmert ihm das Blut in den Ohren, daß er glaubt, sie würden platzen. ›Schnell‹ hat Kyrill Maximowitsch gesagt! Was bedeutet dieses ›schnell‹? Ibrahim weiß, daß die nächsten Sekunden ihm Gewißheit geben werden, ob er zu seiner Familie heimgehen darf oder ...

Er muß sich bücken, als er durch die Tür geht. Er streift die

Pelzmütze vom Kopf und steht wieder hoch aufgerichtet wie immer. Noch bevor er einen Gruß sagen kann, noch bevor er richtig gesehen hat, wo Kyrill Maximowitsch liegt, hört er sich angesprochen.

»Ibrahim, endlich! Warum hast du mich so lange warten lassen?«

Mit einem Ruck ist das Hämmern in den Ohren zu Ende. Zwei Schritte, und Ibrahim steht am Bett. Er faßt nach der Hand, die sich ihm entgegenstreckt.

»Herr«, sagt er, »grüß Gott, Herr!« Und er preßt die Hand mit beiden Fäusten.

»Langsam, langsam, Ibrahim!« Kyrill Maximowitsch zieht den Arm schnell zurück, und ein Lächeln geht über sein eingefallenes Gesicht. Er reckt sich hoch, versucht, sich auf die Ellenbogen zu stützen, und fällt wieder auf das Bett. »Es will und will nicht! Es dauert mir viel zu lange, und der Flickschuster von einem Arzt – sage es nicht weiter, Ibrahim – er meint, ich könnte froh sein, daß ich überhaupt wieder geworden bin.« Der Forstbeamte schließt die Augen. »Alles fällt mir noch so schwer«, sagt er leise, »erzähl du lieber, Ibrahim. Warum bist du geflohen?«

»Ich bin angezeigt worden. Weißt du das nicht, Herr?«

»Ich habe es erst sehr spät erfahren, Ibrahim. Aber den Haftbefehl habe ich längst niederschlagen lassen.«

»Davon weiß ich nichts, Herr, und als es damals passierte, hatte ich keinen, der für mich sprach. Du kennst doch das Sprichwort, Herr: Wenn sich die Kralle verfängt, ist der ganze Vogel verloren. Ich habe es schon einmal zu spüren bekommen.«

Der Forstbeamte nickt.

»Und wußte ich denn, ob du am Leben bleiben würdest? Es sah nicht gut aus mit dir, Herr, und wer konnte mir sagen, ob du nicht auch glaubtest, ich hätte den Schuß abgegeben?«

»Du, Ibrahim? Der Gedanke ist mir nie gekommen.«

»Aber sie haben dir eine Drillingskugel aus dem Leib geschnitten.«

»Das schon, aber es war ein ganz anderes Kaliber, als du es für meinen Drilling bei dir hattest.«

»Es war ein anderes Kaliber?«

»Ja, Ibrahim, aber du hast schon recht, es hätte schlimm für dich ausgehen können, wenn ich nicht am Leben geblieben wäre. Und das verdanke ich zuerst dir. Winke nicht ab, ich weiß es. Eines Tages werde ich vielleicht auch wissen, wer auf mich geschossen hat. Der Polizeichef von Tobolsk hat die Sache in die

Hand genommen, aber weit ist er noch nicht gekommen. Die Jäger halten alle zusammen, wenn es gegen mich geht. Ich weiß jetzt, wie sehr sie mich hassen – und ich glaube, dich auch. Du wirst es dir gewiß gut überlegen, ob du weiterhin mit mir gehst, nicht wahr, Ibrahim?«

»Willst du trotz allem wieder in die Taiga, Herr?«

»Natürlich. Wenn es nur schon soweit wäre! Denn siehst du, Ibrahim, Schlechtigkeit kann auch einmal etwas Gutes nach sich ziehen. Der Schuß auf mich hat einen ordentlichen Wind aufkommen lassen. Er wehte sogar bis Petersburg. Und denk dir, was ich für Nachrichten habe! Zwei Beamte aus Petersburg wollen mir helfen kommen. Ich wußte es ja: einer muß eben den Anfang machen.« Kyrill Maximowitsch atmet schwer. Das viele Sprechen hat ihn angestrengt.

In die Stille sagt Ibrahim:

»Wirst du uns dann noch brauchen, Herr, meinen Kolja und mich?«

Der Forstbeamte legt die Hand auf Ibrahims Arm.

»Ich wußte, daß ich mich nicht in euch getäuscht habe, ich bin sehr froh, Ibrahim.«

Wieder ist es einen Augenblick still in dem Krankenzimmer. Dann sagt der Jäger:

»Herr, es hat einen besonderen Grund, daß ich jetzt zu dir komme.«

»Ja? Erzähle!«

Nikolai lehnt an der Hüttenwand. ›Ich kann an einem Tag zwei Hölzer in den Schnee gesteckt haben‹, denkt er, ›ein Tag ist so endlos lang, wenn man wartet. Oder der Wind hat ein Holz dazugeworfen. Auch das könnte sein.‹

Er weiß, daß er sich mit diesem Gedanken selbst betrügt. Von fünfzehn Tagen hatte der Vater gesprochen, und jetzt muß Nikolai das sechzehnte Holz in den Schnee stecken. Aber wie leicht können es sechzehn oder siebzehn Tage werden, ohne daß der Vater in Repalovo zurückgehalten wird. Er kann gestürzt sein, er kann . . .

In der Hütte hält Nikolai es nicht lange aus. Er schnallt die Schneeschuhe an und fährt über das Moor. Wenn der Vater kommt, wird er zufrieden sein. Nikolai hat jeden Tag für frisches Fleisch gesorgt. Seine Augen gehen über das Moor und suchen den Waldrand ab. Wenn der Vater doch bald käme und Hilfe mitbrächte, daß die Narym-Ostjaken vertrieben werden könnten.

Seit sie hier gehaust haben, hat Nikolai kein einziges Stück Hochwild mehr gesehen.

Am schlimmsten sind die Abende mit der Mutter. Immer schmaler wird ihr Gesicht, immer mühsamer ihr Lächeln. Es ist still zwischen ihnen in der Hütte. Was sollen sie auch reden?

Jedem stillen Abend folgt ein heller Tag, und Nikolai muß das siebzehnte Holz in den Schnee stecken. Und wieder schnallt er die Schneeschuhe an und macht eine lange Fahrt über das verschneite Land. Als die matte Sonne hinter den Wald sinkt, hört er Schlittenglocken. Sie sind noch weit entfernt, aber die Luft trägt den Schall gut durch die winterliche Stille. Er kommt aus östlicher Richtung.

Pferdeschlitten aus Repalovo? Was bedeutet das? Kommt der Vater zurück oder läßt Kyrill Maximowitsch auch die Mutter und mich holen? So schnell er kann, jagt Nikolai zur Hütte zurück. Nach einer Zeit, in der das Läuten schnell heller und deutlicher wird, weiß Nikolai, daß ihn die Schlitten einholen werden. Trotzdem läuft er. Keuchend geht sein Atem. Ich kann doch die Mutter nicht allein lassen, denkt er.

Immer lauter werden die Glocken hinter ihm, doch bevor die Schlitten zu sehen sind, hetzt Nikolai auf das Moor. Vom Schilf verborgen, sieht er zurück. Mein Gott, es sind acht Schlitten! Was wollen acht Schlitten bei der Mutter und mir? Nikolai hastet weiter. Erst als die Schlitten fast heran sind, duckt er sich tief, aber so, daß er sie noch beobachten kann. Die Pferde greifen aus, daß der Schnee stiebt. Nur ein Husch, und der erste Schlitten ist vorüber. Aber Nikolai hat trotzdem vorn zwischen den Männern einen spitzen, grauen Hundekopf sehen können. Da gibt es für ihn kein Halten: wo Graukopf ist, muß der Vater sein!

Nikolai springt auf, macht Susbeka von der Leine frei und läßt sie hinter dem Fuhrwerk hersausen. Laut kläffend jagt sie bis zu den Pferden. Nikolai sieht, wie der Kutscher bremst, daß die Pferde ihre Köpfe wild zurückwerfen. Der Schlitten hält an. Über das Planendach schiebt sich eine Pelzmütze und ein frostrotes Gesicht.

»Kolja! Kolja!« schreit der Vater durch die hohlen Hände und sieht sich suchend um. »Schnell! Komm schnell!«

»Du warst lange fort, Vater«, sagt Nikolai, als er auf dem Schlitten sitzt.

»Ich komme aus Tobolsk, Nikolai.«

»Bis aus Tobolsk?«

»Ja, Kyrill Maximowitsch hat mich zum Polizeichef geschickt.«

»Zum Polizeichef?«

»Woher hätte Kyrill Maximowitsch die Polizisten und Kosaken sonst nehmen sollen, die dafür sorgen werden, daß die Ostjaken wieder an den Narym gehen?«

»Vater – ist alles gut zwischen Kyrill Maximowitsch und dir?«

»Alles, Kolja.«

Nikolai lehnt sich fest gegen den Vater.

»Gott sei Dank!«

Und dann die schüchterne Frage:

»Ist Kyra bei ihm?«

»Nein, der Gouverneur hat das Töchterchen nach Tobolsk holen lassen.«

»Hast du Kyra gesehen?«

»Nein. Aber mach dir keine Sorgen. Sie denkt heute sicher anders als damals.«

Noch in der Nacht bricht der Vater mit den Polizisten und Kosaken auf, um das Ostjakenlager zu suchen. Nikolai, der es weiterhin beobachtet hat, als der Vater weggefahren war, übernimmt zusammen mit ihm die Führung.

Zuerst fahren sie noch mit dem Schlitten. Gegen Morgen läßt Ibrahim halten und macht sich mit Nikolai auf den Weg. Die Kosaken zünden ein Feuer an, kochen Tee, stecken Zigaretten und Pfeifen in Brand und warten. Stunde um Stunde vergeht. Die bewaffneten Männer sind wieder unter die Planen gekrochen, und manche machen ein Nickerchen.

»Was wird mit den Leuten, die wir fangen sollen?«

»Gar nichts. Sie sollen nur zurückgebracht werden. Der Häuptling wird ein Weilchen hinter vergitterte Fenster müssen. Das zieht am besten bei den Ostjaken!«

»Aber warum?«

»Der Kommandant hat gesagt: weil sie das Wild abschlachten.«

»Warum sollen sie denn nicht?«

»Das verstehe ich auch nicht. Aber laß, ich tue, was mir befohlen wird – fertig.«

Auch im Ostjakenlager brennen die Feuer. Die Leute sind aus den Jurten gekrochen und warten auf die erste Mahlzeit. Eine gute Jagd haben sie gestern wieder gehabt. Jetzt braten die Frauen das Fleisch. Das Fett tropft brutzelnd in die Feuer, und mit langen Messern fetzen die Männer an den Fleischstücken herum. Die Hunde balgen sich um die Knochen oder stecken ihre spitzen Schnauzen, neidisch um sich beißend, in die Futtertröge. Lachen, Schmatzen, Rufen, von einem Feuer zum andern. Zänkisches Balgen der Kinder und kreischendes Geschrei der Mütter, um Ruhe zu schaffen.

Plötzlich hören sie Pferdestampfen ganz in der Nähe, und mit lautem »He! He! He!« brechen Kosaken und Polizisten mit gezogenen Säbeln aus dem Wald hervor und umstellen das Lager. Der Kommandant sprengt mitten unter die Ostjaken.

»Wer von euch ist der Häuptling?«

Keine Antwort. Nur gebeugte Nacken und feindselige Blicke von unten her. Ängstlich verbergen sich die Kinder hinter den Pelzen der Mütter.

»Ich habe gefragt, wer der Häuptling ist!«

Die Nagaika fährt sausend durch die Luft.

Ein junger Ostjake steht auf.

»Ich bin der Häuptling.«

»Na, also! Du bist mit deinem Stamm angeklagt, das Hochwild gehetzt und restlos niedergemacht zu haben.«

Der Ostjaken-Häuptling sagt kein Wort darauf.

»Seit dem Herbst, als ihr das Getreide von der Regierung bekommen habt, wißt ihr doch, daß es verboten ist, Kühe und Kälber zu schießen. Aber ihr Gesindel habt ja nicht einmal geschossen, erschlagen habt ihr sie! Hat euch der Beamte gesagt, daß ihr dafür bestraft werdet, oder nicht?«

»Ja, Herr, der Beamte hat es uns gesagt. Aber am Narym gibt es kein Wild mehr, das wir jagen dürfen.«

»Und deshalb kommt ihr hierher, ihr Hundesöhne? Die Jäger von der Konda werden euch aufhängen, verstehst du? Aufhängen!«

»Warum?«

»Warum! Der Teufel hat dir wohl den Verstand geholt! Du kommst mit mir in die Stadt. Dort wird dir alles klargemacht werden!«

»Nein, Herr!« Der Ostjake hebt bittend die Hände. »Nein, Herr, nicht in die Stadt! Nicht in das große Steinhaus! Bitte, Herr!«

»Du kommst mit!« Der Polizeioffizier macht eine abschließende Bewegung mit der Peitsche. »Und sag deinen Leuten, sie sollen die Jurten abbrechen und zusammenpacken. Die Soldaten und Polizisten bringen sie heim. Und daß sie unterwegs keine Geschichten machen! Unsere Gewehre knallen nicht nur, sie treffen auch!«

»Aber was sollen sie essen am Narym, Herr?« fragt der Ostjake.

»Die Regierung wird euch geben, was ihr braucht. Dafür nehme ich die Felle mit. Wo sind sie?«

Er winkt einigen Polizisten, die ihm am nächsten stehen, und geht hinter dem Häuptling her. In den Schlitten finden sie Berge von Wilddecken, zusammengepreßt und hart gefroren. Sie beginnen zu zählen. Es sind mehr als dreihundert Felle von Elchen, Renen und Hirschen.

Als der Häuptling in den Schlitten klettert, sieht er Ibrahim und Nikolai. Ein haßerfüllter Blick trifft sie. Ihr seid es also gewesen, sagen die Augen. Auf dem Schlitten duckt er sich zusammen und zieht den Kopf tief in den weiten Pelz.

Als der Schlitten heimwärts saust, sagt Nikolai:

»Hast du schon einmal an Lewin gedacht, Vater? Was wird er sagen, wenn er davon hört?«

»Es würde mir leid tun, wenn er jetzt nichts mehr von uns wissen will, denn wir verdanken ihm sehr viel. Aber ich habe mich nun einmal für Kyrill Maximowitsch entschieden, Kolja. – Vielleicht kommt es auch anders, und er ist froh, daß die Ostjaken vertrieben wurden. Wenn es hier kein Wild mehr gibt, trifft es ihn ebenso. Freilich, es sind auch Ostjaken, aber was hat er mit ihnen zu tun! Wir müssen eben abwarten, Kolja.«

Der große Plan

In Baltschara toben die Geister der Taiga. Alle die bösen, hinterhältigen Unholde des schwarzen Urmans, der gefährlichen Moore, der weiten, verschwiegenen Heiden geben sich ein Stelldichein. Gräßlich sehen sie aus! Sie haben Pelze wie Bären, Wölfe oder räudige Hunde. Riesig sind ihre Köpfe, grauenhaft ihre Gesichter mit den leeren Augenhöhlen. Hörner starren auf den Köpfen, und die unförmigen Arme schwenken Kuhglocken.

So verschwiegen die Geister das ganze Jahr über ihr unterirdisches Wesen treiben und die Jäger erschrecken, die in ihren Bannkreis eindringen, so laut bringen sie sich jetzt in Erinnerung. Es geht auch nicht ärmlich zu, wenn sie kommen, sie haben Pferde und Troikas. Mit gellenden Schreien fahren sie durch Baltschara, wenden hinter dem Dorf und jagen die Straße zurück.

Plötzlich halten sie vor dem Haus des Bürgermeisters. Sie springen von den Schlitten und stürmen lärmend hinein. Die Pelze lüften sich, und vor den Augen des Bürgermeisters verwandeln sich die Geister in lachende junge Burschen und Mädchen, für die schon in der Stube der Tisch gedeckt ist.

Fastnachtstreiben in Sibirien! Drei, vier Tage dauert das wilde, ausgelassene Leben, drei, vier Nächte denkt keiner an Schlaf. Dazu ist Zeit, wenn die stillen Wochen kommen, wenn die bösen Geister wieder in ihre Welt zurück müssen. Jetzt sind sie zu den Menschen gekommen, um ihnen zu zeigen, wie wild sie sind.

Heute ist der letzte Tag vor Aschermittwoch. Überall kehren sie ein, und jeder will sich gut mit ihnen stellen. Man kann nie wissen!

Die Geister haben einen tüchtigen Durst und Mägen wie Löcher. Sie verzehren Berge von kleinen Kuchen aus Maismehl, und die Frauen haben vollauf zu tun, immer neue zu backen. Auf den Tischen stehen Schüsseln mit gelber, saurer Sahne, damit die Geister die Kuchen hineintauchen können. Sie streichen noch eine dicke Schicht schwarzen Kaviar darauf und nehmen einen Schluck Bier dazu. Die Mädchen knacken Zedernüsse und schieben sie den Burschen zwischen die Zähne. Der Schnaps rötet ihnen die Gesichter. Die Geister werden übermütig. Sie singen, und ihre Füße stampfen unter dem Tisch den Takt.

Zwischen den Burschen sitzt Nikolai. Er singt, so laut er kann, und klatscht in die Hände, daß es schallt. Das Bier ist ihm in den Kopf gestiegen, eine heiße Lebensfreude hat ihn erfaßt! Er lacht, wenn ihm die Mädchen statt der Nuß eine Schale in den Mund schieben, und pustet sie ihnen zurück. Er trägt den schönsten Geisterpelz voller Stolz. Ein Bärenfell ist es, dunkelbraun und dicht, mit fast weißem Kragen um den Hals. Jedesmal, wenn er sich den Bärenkopf mit dem weitgeöffneten Rachen aufstülpt, kreischen die Geistermädchen, und die Kinder schreien: »Michail Iwanowitsch kommt!« Die Kleinen vor Angst, die Großen vor Übermut. Der Bürgermeister beobachtet Nikolai heimlich. Er ist erst vierzehn, aber er kommt den älteren Burschen an Größe gleich, denkt er. Er wird wie sein Vater, auch vom Gesicht her. Er hat den gleichen furchtlosen Blick.

Als sich die Geister erheben und wieder in ihre Gespanne klettern, tritt der Bürgermeister schnell neben Nikolai.

»Habt ihr etwas von Kyrill Maximowitsch gehört?« fragt er leise.

»Hm. Zum Osterfest wird er wohl wieder in Baltschara sein.«

»Dann will ich sein Haus herrichten lassen.«

»Kannst du machen, Väterchen, aber er wird nicht lange bleiben. Er hat einen großen Plan!«

»Einen Plan?«

»Ja, er wird einen Wildpark abstecken an der oberen Konda, wo wir im Sommer zusammen gewesen sind.«

»Einen was?«

»Einen Wildpark. Kein einziges Tier darf darin geschossen werden. Nicht einmal ein Bär!«

»Was du nicht sagst, Nikolai. Wird dein Vater wieder mit ihm gehen?«

»Mein Vater und ich und noch zwei Beamte aus Petersburg. Der Auftrag dazu kommt vom Zaren selbst!«

»Vom Zaren selbst? An wen?«

»An mich natürlich!« lacht Nikolai und hängt sich im letzten Augenblick an den davonfahrenden Schlitten.

Als die Dunkelheit kommt, verlegen die Geister ihr ausgelassenes Treiben an das Ufer der Konda, wo die Böschung am höchsten ist. Der Schnee liegt fest und verharscht. Die Geister zerren Kalbfelle aus den Schlitten, legen sie auf den oberen Rand und rutschen juchend die Böschung hinunter. Auf der vereisten Konda kugeln sie durcheinander, johlen und lachen, wälzen sich im Schnee, rennen wieder hinauf und beginnen das Spiel von vorn.

Das ganze Dorf steht dabei und sieht zu. Nicht lange, und auch manchen Bauern juckt das Fell. Sie wetteifern mit den Geistern, wer am schnellsten den Abhang hinunterkommt.

Um das Maß des Übermuts vollzumachen, rollt Wassiljew, der Geizkragen, ein Fäßchen Schnaps heran.

»Ihr sollt merken, daß ich für euch etwas übrig habe!« schreit er und wippt mit dem Stiefel das Fäßchen hin und her. »Jahrelang kauft ihr bei mir, und heut sollt ihr auf meine Rechnung ein Schlückchen trinken.«

Die Leute sehen sich an. Das ist noch nie dagewesen, solange Wassiljew den Laden hat.

Befriedigt sieht der Krämer in die verblüfften Gesichter und lächelt hintergründig. Und ehe die Leute noch begreifen, was er vorhat, packt er das Fäßchen und wirft es über die Böschung. Polternd springt es hinunter, schlägt auf – und zerspringt.

»Da«, schreit Wassiljew, »nun nehmt ein Schlückchen!«

Ein ohrenbetäubender Lärm entsteht. Im Handumdrehen sind alle Männer auf der Konda. Sie werfen sich auf die Bäuche und wischen mit ihren Zungen über das Eis. Mit den Armen stoßen sie um sich, um einen möglichst großen Platz für sich zu behalten. Viele der Fackeln, mit denen die Bauern vorher das Treiben der Geister beleuchtet haben, verglimmen im Schnee. Was brauchen sie Licht, wenn sie Schnaps aufzulecken haben! Der ölige Fusel, den Wassiljew schon lange los sein wollte, stinkt genug, um ihn ohne Licht zu finden.

Mit einem Male grölt es laut zwischen den Frauen, die auf der Böschung stehen, daß sie auseinanderfahren. Wassiljew, der mit herausgestreckter Zunge lacht, daß ihm die Tränen über das Gesicht rinnen, bricht erschrocken ab.

»Ihr sollt den Schnaps nicht allein auflecken!« brüllt es kaum verständlich. »Ich, Pawel Iljitsch, bin der beste Kunde von Wassiljew. Mir gehört das meiste aus dem Fäßchen!«

Wassiljew packt ihn am Arm.

»Du hast längst genug! Wenn du den Kopf hängen läßt, läuft dir der Wodka aus dem Hals. Geh heim, Pawel!«

»Ich gehe, wenn es mir paßt, verstehst du mich? Oder hast du vielleicht Angst, daß ich etwas erzähle?«

Ein Stoß trifft Pawel gegen die Brust. Ohnehin schon unsicher auf den Beinen, fällt er um und kollert die Böschung hinunter. Auf dem Eis bleibt er liegen, das Gesicht nach unten.

Wassiljew ist der Spaß vergangen. Als er sich unbeobachtet glaubt, verdrückt er sich.

Am anderen Morgen, noch in der Finsternis, läuten die Kirchenglocken den Aschermittwoch ein. Der Schneefall, der über Nacht eingesetzt hat, dämpft ihren Klang.

Beim Hellerwerden geht einer der jungen Burschen zur Konda, um das Wasserloch neu aufzuschlagen, damit die Frauen schöpfen können. Da sieht er ein Stück abwärts einen großen Klumpen auf dem Eis liegen. Ein Fell? Er rennt darauf zu. Kurz davor bremst er erschrocken. Ein Mensch! Heilige Mutter Gottes, wer ist das?

Der Bursche zieht widerstrebend am zugeschneiten Pelz.

»Pawel Iljitsch!«

Er läßt die Axt fallen und rennt wie besessen ins Dorf.

Pawel Iljitsch liegt steif und kalt auf der zugefrorenen Konda, das Gesicht auf dem Arm, als ob er schliefe.

Noch in der Fastenwoche, in der nicht gearbeitet und nicht gejagt werden darf, kommt Sergej zu Ibrahim ins Haus.

»Ich möchte mit dir reden«, sagt er, und sein Gesicht ist seltsam gespannt. Unsicher sieht er auf Tamara. »Allein«, fügt er leise hinzu.

»Komm, wir gehen in den Schuppen.«

Sie setzen sich auf einen Holzstoß.

»Also, was ist?« fragt Ibrahim.

»Ich will dir sagen, wer auf den Forstbeamten geschossen hat.«

Ibrahim fährt herum.

»Du kommst reichlich spät damit heraus, wenn du es wirklich weißt.«

»Ja, das ist wahr. Aber jetzt ist er tot, jetzt kann er mir nichts mehr tun. Es war Pawel Iljitsch.«

»Pawel Iljitsch? Du beschuldigst einen, der sich nicht mehr verteidigen kann? Du bist ein feiner Kerl, muß ich sagen.«

»Sag und denk, was du willst, aber ich mag es nicht mehr allein mit mir herumschleppen.«

»Wie kann es Pawel Iljitsch gewesen sein«, sagt Ibrahim, »er trug an jenem Morgen kein Gewehr. Ich habe hinter euch hergesehen.«

»Das stimmt schon, Kaukasier, aber wenn du unter die Bank geguckt hättest, auf der wir schliefen, dann würdest du einen Drilling gefunden haben.«

»Unter der Bank?«

»Ja, unter der Bank. Wir warteten, bis du mit dem Forstbeamten aus der Hütte gingst, dann kehrten wir um und holten den Drilling. Pawel hatte die Flasche schon wieder ein paarmal angesetzt, und mit einem Male kam es mir vor, als ob der Teufel in ihn gefahren wäre. Ich wollte ihn zurückhalten, Kaukasier. Ich schwöre es bei allen Heiligen, ich wollte ihn zurückhalten! Aber er riß sich los und schrie: ›Ich schlag' dir den Schädel ein, wenn du noch ein Wort sagst!‹ Dann schlich er sich durch das Gebüsch, um euch den Weg abzuschneiden. Kurz darauf hörte ich den Knall. Ich verfluchte, daß ich mit ihm gegangen war, ich verfluchte ihn und seine ganze Familie. Aber was nützte es? ›Wenn du mich verrätst, werde ich schwören, daß du geschossen hast!‹ drohte Pawel, ›keiner von uns hat einen Zeugen. Du wirst sagen, was ich sage, verstanden?‹ Wir sind dann auf dem kürzesten Weg zurück nach Baltschara. Was blieb mir anderes übrig, Kaukasier, ich machte, was er wollte. Ich hatte Angst vor ihm. Immer habe ich Angst gehabt in den vergangenen Wochen. Er soff schlimmer als zuvor, und wenn die Polizisten kamen und uns verhörten, zitterte ich jedesmal.«

»Pawel hatte den Drilling von Wassiljew, nicht wahr?«

»Ja, gegen Pelze natürlich.«

Ibrahim nickt. »Und wie wirst du beweisen, daß sich die ganze Geschichte, die du mir hier auftischst, nicht umgedreht zwischen dir und Pawel abgespielt hat?«

Sergej sitzt zusammengesunken da. »Beweisen kann ich nichts. Ich hoffe, daß der Richter mir glauben wird.«

Ein schwerer und ein leichter Schritt

Osterfest! Höchstes Fest aller Christen in Rußland bis in den fernsten Winkel Sibiriens!

Geschäftiges Vorbereiten auch in jedem Haus von Baltschara. Schlachten und Braten und Backen. Erhitzte Frauengesichter unter den Kopftüchern am Ofen. Farbenschüsseln neben Eierkörben und blankgescheuerte Tische und Fußböden, dampfende Badestuben, saubere, bunte Kittel und weißgebleichte Hemden. Ein Duft nach Süßem und Saurem, nach Gewürztem und Geräuchertem strömt aus jeder Haustür. In Wassiljews Laden liegen Berge von Osterkerzen.

Noch türmt der Schnee eine weiße Gasse auf der Straße, aber was macht das! Ostern ist da! Ein Hauch des Frühlings, kaum wahrnehmbar, weht über die Konda.

In der Dunkelheit des Abends vor dem Ostertag gehen die ersten, festlich gekleidet, zur Kirche. Finster der Weg, finster die Häuser, und nur ein schwaches Dämmerlicht im Kirchenraum. Es ist das ewige Licht der roten Lampen, die vor der Ikonenwand brennen. Immer mehr Leute kommen. Keine Bank erleichtert ihnen das stundenlange Gebet. Sie knien auf dem Steinfußboden dicht an dicht. Nicht einer bleibt daheim während des Ostergottesdienstes. Feierlich still ist es trotz der vielen Menschen. Kein lautes Wort tönt durch den hohen Raum, höchstens ein Stiefelscharren oder ein verhaltenes Husten.

Nikolai kniet oben bei den Sängern auf dem Chor. Voller Unruhe hebt er immer von neuem den Kopf, um über die Brüstung hinunter zu sehen. Daß der Forstbeamte seit gestern wieder in Baltschara ist, weiß er, aber ob Kyra mitgekommen ist, das weiß er nicht. Kyra, die ihn nie wiedersehen wollte – nie mehr. Von der er nichts weiter gehört hat, als daß der Gouverneur sie nach Tobolsk geholt hat.

Immer wenn er die Kirchentür klappen hört, wartet er gespannt. Jeden Augenblick muß der Pope vor den Altar treten, und noch immer ist von Kyrill Maximowitsch und seiner Tochter nichts zu sehen. Nikolais Blick geht zu den dunklen Gestalten des Vaters und der Mutter, die rechts vom Mittelgang knien. Wieder schlägt die wuchtige Tür zu. Ein schwerer und ein leichter Schritt tasten zwischen den Knienden vorwärts. Nikolai sieht, wie die Leute neben dem Vater zur Seite rücken, und er sieht die Umrisse eines Mannes und neben ihm eine kleinere Gestalt in leuchtend rotem Mantel. Dicht neben der Mutter hockt sie sich nieder.

Nikolai schließt die Augen, er lehnt den Kopf gegen die hölzerne Brüstung. Er bemerkt nicht, wie der Pope die Kirche betritt. Erst seine Baßstimme, mit der er die Osterliturgie singt, läßt ihn zurückfahren. Der Wechselgesang mit dem Chor beginnt. Hell tönen die Jungen- und Mädchenstimmen durch das Kirchenschiff. Die Leute verneigen sich tief.

»Herr, erbarme dich unser!« beten sie laut. Und wieder erhebt der Priester seine Stimme. Sein goldbesticktes Gewand schimmert in der Dunkelheit. Die Versammelten antworten ihm singend, und der Chor setzt ein.

Stunde um Stunde vergeht. Als es genau Mitternacht ist, entflammt vor der Ikonenwand das Osterfeuer, und der Priester ruft über alle hinweg:

»Christus ist auferstanden!«

Die Köpfe fahren in die Höhe. Die Leute recken sich, und wie aus einem Mund jubelt es antwortend durch die Kirche:

»Ja, er ist wahrhaftig auferstanden!«

Im Nu ist alles auf den Beinen. Die vordersten drängen zum Altar, halten ihre Kerzen an das Osterfeuer und geben es weiter an die Leute, die hinter ihnen stehen. Es dauert nur Augenblicke, und die Kirche erstrahlt im Licht der vielen Osterkerzen. Jeder umarmt den Nachbarn und küßt ihn auf Gesicht und Mund.

»Christus ist auferstanden!« sagen sie dabei und erhalten die freudige Antwort: »Ja, er ist wahrhaftig auferstanden!«

Es gibt in dieser Stunde weder arm noch reich, der Glaube vereint sie alle.

Mit brennenden Augen sucht Nikolai die Eltern, den Forstbeamten und Kyra. Er sieht, wie sie sich gegenseitig umarmen, und die Freude macht ihm das Atmen schwer. Wie im Traum tauscht er mit der Lehrerin den Ostergruß. Da hört er die Treppe knarren. Er drückt sich zur Seite, läßt die andern vorangehen und wartet. Zwischen den abwärtspolternden Jungen und Mädchen hat er etwas Rotes gesehen. Endlich ist die Treppe frei, und Stufe für Stufe kommt Kyra heraufgestiegen. Jetzt ist sie oben. Nikolai rührt sich nicht vom Fleck. Das Licht der großen Kerze, die Kyra in der Hand hält, fällt auf ihr Gesicht. Es ist blaß vor Aufregung, und als sie seinem Blick begegnet, senkt sie die Augen.

Ich bin damals davongelaufen, also muß ich jetzt zu ihm gehen, denkt Kyra.

»Christus ist auferstanden«, sagt sie leise dicht vor ihm.

»Ja, er ist wahrhaftig auferstanden«, antwortet Nikolai.

Kyra sieht ihn an. Eine Sekunde forscht sie in seinem Gesicht. Dann schlingt sie die Arme um seinen Hals und gibt ihm den Osterkuß. »Brüderchen«, flüstert sie.

Nikolai faßt schnell nach ihrer Hand und rennt mit ihr die Treppe hinunter. Als er vor die Kirche kommt, hört er, wie sein Vater sagt:

»Wir würden uns sehr freuen, wenn du mit deiner Tochter unser Ostergast wärst, Herr. Bis zu unserem Haus ist es aber ein weiter Weg.«

»Wir werden noch manchen weiten Weg zusammen gehen, Ibrahim. Wir kommen gern mit euch, nicht wahr, Kyra?«

Die Flammen der Osterkerzen hüpfen die Dorfstraße entlang, den Häusern zu, und durch die Nacht läuten die Osterglocken. Eine ganze Woche werden sie nicht zur Ruhe kommen.